Das Licht in uns

Über wahre Meditation

Jiddu Krishnamurti

Das Licht in uns

Über wahre Meditation

Übersetzung ins Deutsche
von Christine Bendner

Neubearbeitung von Bernd Hollstein

edition steinrich

MIX
Papier | Fördert gute Waldnutzung
FSC® C110508
FSC www.fsc.org

Bibliografische Information der Deutschen Bibliothek:
Die Deutsche Bibliothek verzeichnet diese Publikation in der Deutschen Nationalbibliografi; detaillierte bibliografische Daten sind im Internet über http://dnb.de abrufbar.

www.edition-steinrich.de

Titel der englischen Originalausgabe: *This Light in Oneself, True Meditation*
Erschienen bei: Shambhala Publications, Inc., Boston, Massachusetts 02115, USA

Eine frühere Ausgabe erschien 2000 unter dem Titel: *Das Licht in dir. Über die wahre Meditation* im Econ Ullstein Verlag.

Die vorliegende Ausgabe erscheint in einer Neubearbeitung von Bernd Hollstein, die unter Hinzuziehung der ursprünglichen Transkripte erfolgte.

Umschlaggestaltung: Ingeburg Zoschke, Berlin
Titelfoto mit freundlicher Genehmigung des Krishnamurti Foundation Trust Ltd.
Gestaltung und Satz: Traudel Reiß
Druck: Westermann Druck Zwickau
Printed in Germany

ISBN 978-3-942085-44-1

Inhalt

Vorwort

Wenn wir uns in dieser Phase der turbulenten Menschheitsgeschichte umschauen, sehen wir erstaunliche Fortschritte in den Naturwissenschaften, der Medizin, der Technik, im Zugang zu Informationen und Wissen – und ebenso Kriege, Armut, Hunger, politischen und religiösen Verfall und Korruption, Raubbau an der Umwelt, Terrorismus und tiefes Leid selbst unter den Wohlhabendsten. Jahrtausende lang hat sich unser Blick nach außen auf Philosophen, Wissenschaftler, Berater, Therapeuten, Erzieher, Lehrer und religiöse Führer gerichtet, um unsere persönlichen Schwierigkeiten und sozialen Probleme zu lösen. Doch unsere grundlegenden Probleme mit Ängsten, Konflikten, Beziehungen und einem inhaltsleeren Leben sind geblieben.

In den vielen Gesprächen mit Menschen aus allen Gesellschaftsschichten und bei seinen zahlreichen öffentlichen Reden vor großem Publikum in aller Welt sprach Krishnamurti stets von der Notwendigkeit, nach innen zu schauen, sich selbst kennenzulernen, wenn wir die individuellen Konflikte verstehen wollen, die auch die tief verwurzelten Konflikte der Gesellschaft sind, denn »wir sind die Welt«. Unser individuelles Chaos verursacht das globale Chaos.

Die folgenden Seiten, deren Inhalt aus bisher unveröffentlichten Reden stammt, zeigen Krishnamurtis zeitlose Einsichten zu der Frage, wo wahre Freiheit, Weisheit und Güte entdeckt werden können – durch jeden von uns.

Ray McCoy

Ein neues Bewusstsein

Ein neues Bewusstsein und eine völlig neue Moral sind notwendig, wenn sich in unserer heutigen Kultur und Gesellschaftsstruktur ein radikaler Wandel vollziehen soll. Das ist offensichtlich. Und doch scheinen die Linken wie die Rechten und auch die Revolutionäre diese Tatsache zu übersehen. Jedes Dogma, jede vorgegebene Formel, jede Ideologie ist Teil des alten Bewusstseins – sie sind Erfindungen des Denkens, dessen Aktivität Bruchstücke erzeugt: die Linke, die Rechte, die Mitte. Diese Aktivität des Denkens wird unweigerlich zu Blutvergießen durch die Rechten oder Linken oder zum Totalitarismus führen. Das ist es, was um uns herum geschieht. Man sieht, wie notwendig eine gesellschaftliche, ökonomische und moralische Veränderung ist, aber die Reaktion kommt aus dem alten Bewusstsein, in dem das Denken die Hauptrolle spielt. Das Chaos, die Verwirrung und das Elend, in das die Menschen hineingeraten sind, spielt sich im Bereich des alten Bewusstseins ab. Ohne eine tiefgreifende Veränderung dieses Bewusstseins wird jede Aktivität des Menschen, sei es auf der politischen, wirtschaftlichen oder religiösen Ebene, nur dazu führen, dass wir uns gegenseitig und die Erde zerstören. Für einen vernünftigen Menschen ist das ganz offensichtlich.

Man muss sich selbst ein Licht sein; dieses Licht ist das Gesetz. Es gibt kein anderes Gesetz. Alle anderen Gesetze sind Produkte des Denkens und führen daher zu Teilung und Trennung und zum Gegeneinander. Sich selbst ein Licht zu sein bedeutet, niemals dem Licht eines anderen zu folgen, wie vernünftig, logisch, geschichtlich belegt und überzeugend es auch sein mag. Man kann sich selbst kein Licht sein, wenn man im dunklen Schatten von Autoritäten, Dogmen oder Schlussfolgerungen steht. Wahre Moral ist kein Produkt des Denkens. Sie entsteht nicht durch den Druck des Umfeldes. Sie geht nicht aus dem Gestern, der Tradition hervor. Wahre Moral ist das Kind der Liebe, und Liebe ist weder Verlangen noch Lust. Sexuelles oder sinnliches Vergnügen ist nicht Liebe.

Freiheit bedeutet, sich selbst ein Licht zu sein. Dann ist sie keine abstrakte Idee, nichts vom Denken Fabriziertes. Echte Freiheit ist Freiheit von Abhängigkeit, vom Haltsuchen, vom Verlangen nach Erfahrungen. Freiheit von der gesamten Gedankenwelt ist, sich selbst ein Licht zu sein. In diesem Licht findet alles Handeln statt und führt daher niemals zu einem Gegeneinander.

Gegeneinander existiert nur, wenn dieses Licht vom Handeln getrennt ist, wenn der Handelnde von der Handlung getrennt ist. Das Ideal, das Prinzip, ist das fruchtlose Vorgehen des Denkens, das nicht zugleich mit diesem Licht existieren kann. Das eine schließt das andere aus. Wo der Beobachter da ist, ist dieses Licht, ist diese Liebe nicht da. Der Beobachter ist ein Produkt des Denkens, das niemals neu ist, niemals frei. Es gibt kein »Wie«, kein System, keine Methode. Es gibt nur das Sehen, welches das Handeln ist.

Sie müssen sehen – aber nicht mit den Augen eines anderen. Dieses Licht, dieses Gesetz, ist weder Ihres noch das eines anderen. Es ist nur Licht da. Das ist Liebe.

Das Wunder der Aufmerksamkeit

Können wir alle Vorstellungen, Konzepte und Theorien beiseite lassen und für uns selbst herausfinden, ob es etwas Heiliges gibt – ich meine nicht das Wort, denn das Wort ist nicht das Tatsächliche, die Beschreibung ist nicht das Beschriebene –, können wir sehen, ob es etwas Echtes, Wirkliches gibt, kein Phantasiegebilde, nichts Illusionäres, Eingebildetes, keinen Mythos, sondern eine Wirklichkeit, die niemals zerstört werden kann, eine ewige Wahrheit?

Um das herauszufinden, es zu entdecken, muss jede Autorität gleich welcher Art, besonders die spirituelle, völlig außer Acht gelassen werden, denn Autorität bedeutet Anpassung, Gehorsam und Übernahme eines bestimmten Denkmusters.

Der Geist muss fähig sein, für sich allein zu stehen, sich selbst ein Licht zu sein. Einem anderen Menschen zu folgen, einer Gruppe anzugehören, von einer Autorität festgelegte Meditationstechniken zu praktizieren, ist ohne jede Bedeutung für einen Menschen, der die Frage untersucht, ob es etwas Ewiges, Zeitloses, etwas für das Denken nicht Ermessbares gibt, das in unserem täglichen Leben wirkt. Wenn das Ewige, Zeitlose nicht Teil unseres Alltagslebens ist, dann ist Meditation eine Flucht und absolut nutzlos. All das bedeutet, dass man selbstständig sein muss.

Es gibt einen Unterschied zwischen Isolierung und Alleinsein, zwischen Einsamkeit und der Fähigkeit, alleine dazustehen, völlig klar, unbeirrt und unverdorben.

Wir sind am ganzen Leben interessiert, nicht an einem Ausschnitt, einem Fragment des Lebens, sondern an allem, was Sie tun, was Sie denken, was Sie fühlen, wie Sie sich verhalten. Und da es uns um das Leben als Ganzes geht, können wir unmöglich ein Fragment wie das Denken nehmen und damit all unsere Probleme lösen. Auch wenn das Denken sich selbst für befugt hält, all die anderen Bruchstücke zusammenzufügen, ist dies nicht möglich, hat doch das Denken diese Bruchstücke selbst geschaffen.

Wir sind darauf konditioniert, im Sinne von Fortschritt, von allmählichem Erreichen eines Zieles zu denken. Die Menschen glauben an eine geistige Entwicklung, aber gibt es so etwas wie das »Ich«, das psychisch irgendetwas anderes erreichen kann als Projektionen oder Vorstellungen des Denkens?

Um herauszufinden, ob es etwas gibt, das keine Projektion des Denkens, keine Illusion, kein Mythos ist, müssen wir uns fragen, ob das Denken kontrolliert, in Schach gehalten, unterdrückt werden kann, so dass der Geist völlig still ist. Kontrolle bedeutet doch, dass es einen Kontrollierenden gibt sowie etwas, das kontrolliert wird, nicht wahr? Wer ist der Kontrollierende? Wird er nicht auch vom Denken erschaffen, ist er nicht auch eines der Fragmente des Denkens, das sich als der Kontrollierende Autorität angeeignet hat? Wenn Sie erkennen, dass dies wahr ist, dann ist der Kontrollierende das Kontrollierte, der Erfahrende ist das Erfahrene, der Denkende der Gedanke. Sie sind nicht voneinander getrennt. Wenn Sie das verstehen, besteht keine Notwendigkeit, etwas zu kontrollieren.

Was geschieht, wenn kein Kontrollierender da ist, weil der Kontrollierende und das Kontrollierte eins sind? Wenn eine Trennung zwischen dem Kontrollierenden und dem Kontrollierten besteht, gibt es einen Konflikt, es wird Energie verschwendet. Sind der Kontrollierende und das Kontrollierte eins, findet keine Energieverschwendung statt. Dann sammelt sich die ganze Energie an, die zuvor durch die Trennung zwischen dem Kontrollierenden und dem Kontrollierten in Unterdrückung und Widerstand vergeudet wurde. Wenn keine Trennung existiert, haben Sie diese ganze

Energie zur Verfügung, um über das hinauszugehen, was Sie glaubten, kontrollieren zu müssen.

Es muss völlig klar sein, dass es in der Meditation keine Kontrolle und keine Disziplinierung des Denkens gibt, denn derjenige, der das Denken diszipliniert, ist selbst ein Fragment des Denkens; derjenige, der das Denken kontrolliert, ist ein Bruchstück des Denkens. Wenn Sie erkennen, dass dies wahr ist, steht Ihnen die ganze Energie zur Verfügung, die zuvor durch Vergleichen, durch Kontrolle und Unterdrückung vergeudet wurde, und Sie können über das, was tatsächlich ist, hinausgehen.

Wir fragen uns, ob der Geist absolut still sein kann, denn das, was still ist, hat viel Energie. Es ist die Ansammlung der Energie. Kann der Geist – der unablässig plappert, der immer in Bewegung ist, der als Denken ständig zurückschaut, sich erinnert, Wissen ansammelt, sich ständig verändert – vollkommen still sein? Haben Sie je herauszufinden versucht, ob das Denken zum Stillstand kommen kann? Wie werden Sie herausfinden, auf welche Weise diese Stille des Denkens zustande kommen kann? Denken ist Zeit, und Zeit ist Bewegung, Zeit hat mit Messen zu tun. Im täglichen Leben messen und vergleichen Sie materielle, physische und auch psychische Dinge. Das alles ist Messen. Vergleichen bedeutet messen.

Können Sie im täglichen Leben ohne Vergleichen auskommen? Können Sie ganz und gar aufhören zu vergleichen, nicht in der Meditation, sondern im täglichen Leben? Natürlich vergleichen Sie, wenn Sie zwischen zwei Materialien wählen müssen, zwischen diesem und jenem Stoff, wenn Sie zwei Autos vergleichen oder Wissen. Aber psychisch, im Inneren, vergleichen wir uns mit anderen. Können wir, wenn dieses Vergleichen aufhört – und es muss aufhören –, können wir dann vollkommen allein dastehen? Das gehört dazu, wenn kein Vergleichen mehr stattfindet – was nicht heißt, dass man nur noch vor sich hin vegetiert.

Können Sie also im Alltag, ohne zu vergleichen, leben? Tun Sie es einmal, und Sie werden feststellen, was es mit sich bringt. Sie werfen eine ungeheure Last ab. Und wenn Sie eine unnötige Last abwerfen, steht Ihnen Energie zur Verfügung.

Haben Sie schon einmal irgendeiner Sache Ihre ganze Aufmerksamkeit gewidmet? Widmen Sie dem, was der Redner sagt, Ihre ganze Aufmerksamkeit? Oder hören Sie mit einem vergleichenden Geist zu, der bereits ein bestimmtes Wissen erworben hat und das Gesagte damit vergleicht? Interpretieren Sie das Gesagte gemäß Ihres eigenen Wissens, Ihrer eigenen Neigungen und Vorurteile? Das hat nichts mit Aufmerksamkeit zu tun, nicht wahr? Wenn Sie völlig aufmerksam sind, mit Ihrem ganzen Körper, Ihrem Nervensystem, Ihren Augen, Ihren Ohren, Ihrem Geist, mit Ihrem ganzen Wesen, dann gibt es kein Zentrum, von dem aus Sie aufmerksam sind. Dann gibt es nur noch die Aufmerksamkeit. Diese Aufmerksamkeit ist völlige Stille.

In dieser Aufmerksamkeit gibt es keine Grenze, keine Begrenzungen, und deshalb wird sie nicht gelenkt. Es gibt nur Aufmerksamkeit. Es gibt kein Ich und kein Du, keine Dualität, weder den Beobachter noch das Beobachtete. Das ist nicht möglich, wenn der Geist sich in eine bestimmte Richtung bewegt.

Wir werden dazu erzogen und konditioniert, uns in bestimmte Richtungen zu bewegen – von hier nach dort. Wir haben eine Idee, einen Glauben, eine Vorstellung, ein Rezept, dass es eine andere Wirklichkeit gibt, eine Glückseligkeit, irgendetwas jenseits des Denkens, und wir fixieren das als Ideal, als Ziel, und gehen in diese Richtung. Wenn Sie in eine Richtung gehen, gibt es keinen Raum. Wenn Sie sich konzentrieren und in eine bestimmte Richtung gehen oder denken, ist in Ihrem Geist kein Raum. Sie haben keinen inneren Raum, wenn Ihr Geist gefüllt ist mit Dingen, an denen Sie hängen, mit Ängsten, mit der Jagd nach Vergnügungen, mit dem Verlangen nach Macht und Ansehen.

Dann ist Ihr Geist übervoll und ohne Raum. Raum ist notwendig, und wo Aufmerksamkeit herrscht, gibt es keine Richtung, sondern nur noch Raum.

Meditation bedeutet, dass keinerlei Bewegung stattfindet. Das heißt, der Geist ist völlig still, er bewegt sich in gar keine Richtung. Es gibt keine Bewegung. Keine Bewegung, die Zeit ist, keine Bewegung, die Denken ist. Wenn Sie sehen, dass dies wahr ist – nicht die Worte der Beschreibung, sondern die Wahrheit, die nicht beschrieben werden kann –, dann ist dieser ruhige, stille Geist da. Und es ist notwendig, einen ruhigen Geist zu haben – aber nicht, um länger schlafen oder seinen Job besser machen oder mehr Geld verdienen zu können!

Das Leben der meisten Menschen ist leer und armselig. Selbst wenn sie über eine ganze Menge Wissen verfügen, ist ihr Leben armselig, widersprüchlich, nichts Ganzes, unglücklich. All das ist Armut, und sie vergeuden ihr Leben, indem sie versuchen, innerlich reich zu werden, verschiedene Tugenden zu kultivieren und all die anderen unsinnigen Dinge. Nicht, dass Tugend überflüssig wäre – aber Tugend ist Ordnung, und was Ordnung wirklich ist, kann man nur verstehen, wenn man sich die eigene innere Unordnung genau angeschaut hat. Wir führen ein unordentliches Leben. Das ist eine Tatsache. Unordnung ist Widersprüchlichkeit, ist Verwirrung, ist das Durchsetzen der verschiedenen Wünsche. Unordnung bedeutet, das eine zu sagen und etwas anderes zu tun, Ideale zu haben und von diesen Idealen getrennt zu sein. All das ist Unordnung, aber wenn Sie sich dessen bewusst sind und dem Ihre ganze Aufmerksamkeit widmen, dann geht aus dieser Aufmerksamkeit eine Ordnung hervor, die Tugend ist – etwas Lebendiges, nichts Ausgedachtes, nichts, was eingeübt und hässlich wurde.

Meditation im Alltag ist die Transformation des Geistes, eine psychische Revolution, wodurch wir im Alltag ein Leben führen – nicht theoretisch, nicht als Ideal, sondern tatsächlich in jedem Augenblick dieses Lebens –, in dem Mitgefühl und Liebe da sind sowie die Energie, um über die ganze Kleinlichkeit, die geistige Enge und Oberflächlichkeit hinauszugehen.

Wenn der Geist still ist – ich meine wirklich still und nicht mit Verlangen und Willen still gemacht –, dann ist da eine völlig andere Art der Bewegung, die nicht der Zeit entstammt.

Wissen Sie, es wäre absurd, darauf noch weiter einzugehen. Es wäre nur eine Beschreibung mit Worten und deshalb nicht real. Was wichtig ist, ist die Kunst der Meditation. Das Wort »Kunst« bedeutet unter anderem, alles an seinen richtigen Platz zu bringen, dass alles in unserem Leben, in unserem täglichen Leben, den richtigen Platz findet, so dass die Verwirrung ein Ende hat. Und wenn Ordnung herrscht, wenn man sich richtig verhält und der Geist im täglichen Leben völlig still ist, dann wird dieser Geist selbst herausfinden, ob es das Unermessliche gibt oder nicht. Solange Sie die höchste Form von Heiligkeit nicht finden, ist das Leben stumpfsinnig und bedeutungslos. Deshalb ist die richtige Art der Meditation absolut notwendig, damit der Geist jung, frisch, unschuldig wird. »Unschuldig« bedeutet unverletzbar. All das ist in der Meditation enthalten, die nicht von unserem täglichen Leben getrennt ist. Für das Verstehen unseres täglichen Lebens ist Meditation notwendig. Das bedeutet, bei allem, was man tut, völlig aufmerksam zu sein – wenn Sie mit jemandem sprechen, die Art, wie Sie gehen, wie Sie denken, was Sie denken – all dem Ihre Aufmerksamkeit zu widmen ist Teil der Meditation.

Meditation ist keine Flucht. Sie ist auch nichts Mysteriöses. Meditation führt zu einem Leben, das ganz ist, das heilig ist. Und daher behandeln Sie alle Dinge als etwas Heiliges.

Ein Leben in Güte

Warum ist der Mensch bisher nicht in der Lage gewesen, sich zu ändern? Er ändert sich lediglich hier und dort ein bisschen und stellt dennoch den Anspruch, die Gesellschaft möge »gut« sein. Er wünscht sich Ordnung, und zwar nicht nur in sich selbst und in seinen Beziehungen, wie intim oder oberflächlich sie auch sein mögen, sondern er wünscht sich auch Frieden auf der Welt, er will sich in Ruhe entfalten können. Die Menschheit hegt diesen Wunsch seit Urzeiten. Doch je zivilisierter der Mensch wird, desto mehr Unordnung schafft er, desto mehr Kriege gibt es. Zu keiner Zeit herrschte überall auf der Welt Frieden. Irgendwo haben immer Menschen andere Menschen getötet, hat eine Religion versucht, eine andere zu zerstören, hat eine Institution andere Institutionen beherrscht, eine Organisation andere Organisationen unterdrückt.

Fragen Sie sich eigentlich nie, wenn Sie sich dieses unaufhörlichen Kampfes bewusst sind, ob es möglich ist, in dieser Welt zu leben, ohne vor ihr zu fliehen, ohne in einer Kommune unterzutauchen oder Einsiedler oder Mönch zu werden – fragen Sie sich nie, ob man in dieser Welt vernünftig, glücklich und intelligent leben kann ohne diesen ständigen inneren und äußeren Kampf? Falls Sie sich das fragen – und ich hoffe, dass Sie das jetzt tun, weil wir gemeinsam darüber nachdenken –, dann müssen Sie zwangsläufig die Forderung nach einer guten Gesellschaft stellen. Eine gute Gesellschaft zu erschaffen war bereits der Traum der frühen Hindus, der alten Griechen und Ägypter. Aber eine gute Gesellschaft kann es nur geben, wenn der Mensch gut ist, denn dann bringt er das Gute hervor – in seinen Beziehungen, durch sein Handeln, seine Lebensweise. Mit »dem Guten« ist auch das Schöne gemeint und das Heilige. Es ist verbunden mit Gott, mit dem höchsten Prinzip. Man muss das Wort »gut« wirklich ganz klar verstehen. Wenn Güte in Ihnen ist, dann ist alles gut, was Sie tun; Ihre Beziehungen sind gut, Ihr Handeln, Ihre Art zu denken. Man kann die ganze Bedeutung dieses Wortes, die außerordentliche Qualität dieses Wortes unmittelbar erfassen.

Bitte lassen Sie uns das gemeinsam ganz sorgfältig anschauen, denn wenn Sie dieses Wort wirklich in seiner Tiefe erforschen, wird es Ihr Bewusstsein beeinflussen, Ihre Art zu denken, Ihre Lebensweise. Widmen Sie dem Verstehen dieses Wortes also ein wenig Aufmerksamkeit. Das Wort ist nicht die bezeichnete Sache. Ich kann einen Berg wunderschön beschreiben, kann ihn malen, ein Gedicht über ihn verfassen, aber das Wort, die Beschreibung, das Gedicht ist nicht der tatsächliche Berg. Im Allgemeinen werden wir emotional und auf irrationale Weise von dem Wort, von der Beschreibung mitgerissen.

Das Gute ist nicht das Gegenteil vom Bösen. Das Gute steht mit dem Hässlichen, Bösen, Schlechten, Unschönen in keiner Weise in Zusammenhang. Das Gute steht allein für sich. Wenn Sie sagen, das Gute geht aus dem Schlechten, dem Bösen, dem Hässlichen hervor, dann trägt das Gute das Böse, das Hässliche und Brutale in sich.

Das Gute muss also völlig unabhängig von dem sein, was nicht gut ist – und das ist es auch.

Das Gute kann unmöglich existieren, wenn irgendeine Form von Autorität akzeptiert wird. Autorität ist etwas sehr Komplexes. Da gibt es die Autorität der Gesetze, die sich der Mensch seit Jahrtausenden geschaffen hat. Dann gibt es die Naturgesetze und das Gesetz unserer eigenen Erfahrung, dem wir gehorchen, sowie das Gesetz unserer eigenen kleinlichen Reaktionen, die unser Leben beherrschen. Außerdem gibt es die Gesetze der Institutionen, der organisierten Glaubenssysteme, die wir Religionen oder Dogmen nennen. Wir sagen, dass das Gute keinerlei Beziehung zu irgendeiner Form von Autorität hat.

Untersuchen Sie das, schauen Sie es sich an. Das Gute hat nicht das geringste mit dem Streben nach Konformität zu tun. Wenn Sie sich einem Glauben, einer Vorstellung, einer Idee, einem Prinzip anpassen, ist das nicht gut, weil es einen Konflikt erzeugt. Das Gute kann nicht durch irgendjemand anderen zum Erblühen gebracht werden, durch keine religiöse Persönlichkeit, kein Dogma, keinen Glauben. Das Gute kann nur auf dem Boden umfassender Aufmerksamkeit erblühen, da, wo es keine Autorität gibt. Die Essenz des Guten ist ein konfliktfreier Geist. Das Gute umfasst auch große Verantwortung. Man kann nicht gut sein und gleichzeitig zulassen, dass Kriege geführt werden. Ein Mensch, der wirklich gut ist, ist absolut verantwortlich für sein ganzes Leben.

Wir fragen uns, ob jemand, der in einer Gesellschaft mit dem ganzen Druck der Institutionen, der Glaubensvorstellungen, der autoritären religiösen Menschen aufgewachsen ist, überhaupt gut sein kann; denn nur, wenn Sie gut sind, wenn Sie, als menschliches Wesen, vollkommen und uneingeschränkt gut sind – vollkommen, nicht nur teilweise –, dann können wir eine andere Gesellschaft schaffen. Kann man in dieser Welt leben, verheiratet sein, Kinder haben, einen Beruf ausüben, und dabei gut sein? So wie wir das Wort »gut« benutzen, steht es für große Verantwortlichkeit, Fürsorglichkeit, Aufmerksamkeit, Sorgfalt, Liebe. All das ist in diesem Wort enthalten. Ist Ihnen das möglich? Wenn nicht, dann akzeptieren Sie die Gesellschaft, wie sie ist. Eine andere Gesellschaft zu erschaffen, eine Gesellschaft, die von Grund auf gut ist, in dem Sinne, wie wir das Wort »gut« gebrauchen, erfordert viel Energie. Es erfordert Ihre ganze Aufmerksamkeit, das heißt Ihre Energie. Menschen haben eine Menge Energie; wenn sie etwas wirklich machen wollen, dann tun sie es.

Was hält alle Menschen davon ab, absolut gut zu sein? Was ist das Hindernis? Wo ist die Blockade? Warum sind die Menschen – sind Sie – nicht auf normale, gesunde Weise absolut gut? Ein Mensch, der die Dinge beobachtet, erkennt, was die Welt ist und dass er die Welt ist. Er sieht, dass die Welt nicht anders ist als er, dass er diese Welt erschaffen hat, dass er die Gesellschaft und die Religionen mit ihren unzähligen Dogmen, Glaubenssystemen, Ritualen, mit ihren Aufspaltungen in Gruppen und Untergruppen erschaffen hat. Menschen haben das geschaffen. Ist es das, was uns daran hindert, gut zu sein? Ist es, weil wir an etwas glauben oder weil wir so sehr mit unseren eigenen Problemen beschäftigt sind, unseren sexuellen Schwierigkeiten, unseren Ängsten, unserer Einsamkeit, unserem Verlangen nach Erfüllung, unserem Wunsch, uns mit irgendetwas zu identifizieren? Ist es das, was ein menschliches Wesen davon abhält, gut zu sein? Wenn diese Dinge uns daran hindern, dann sind sie wertlos. Wenn Sie sehen, dass die Entfaltung des Guten durch jeglichen Druck gleich welcher Art – Ihr Glaube, Ihre Prinzipien und Ideale eingeschlossen – absolut verhindert wird, werden Sie all das ganz einfach ohne zu zweifeln und ohne inneren Konflikt ablegen, denn Sie erkennen, wie dumm das ist.

Das große Chaos und die Unordnung auf der Welt sind eine Bedrohung für das Leben. Sie breiten sich überall aus. Daher muss sich jeder ernsthafte Beobachter, der sich selbst und die Welt betrachtet, diese Fragen stellen. Die Wissenschaftler, die Politiker, die Philosophen, die Psychoanalytiker und die Gurus – ob sie nun aus Indien, aus Tibet oder aus Ihrem eigenen Land stammen – haben die Probleme der Menschheit nicht gelöst. Sie haben alle möglichen Theorien entwickelt, aber die Probleme haben sie nicht gelöst. Das kann niemand anderes tun. Wir selbst müssen diese

Probleme lösen, weil wir sie geschaffen haben. Doch unglücklicherweise sind wir nicht bereit, uns unsere eigenen Probleme anzuschauen, den Dingen einmal wirklich auf den Grund zu gehen, um herauszufinden, warum wir ein so absolut selbstbezogenes, egoistisches Leben führen.

Wir fragen uns, ob wir ein Leben im Guten mit seiner Schönheit und Heiligkeit führen können. Wenn wir es nicht können, dann werden wir die zunehmenden Bedrohungen durch das Chaos in unserem eigenen Leben, im Leben unserer Kinder und weiteren Nachkommen akzeptieren.

Sind wir bereit, uns damit zu befassen, uns selbst zu erkennen? Denn wir selbst sind die Welt. Überall auf der Welt leiden die Menschen psychisch, innerlich – Menschen aller Hautfarben, aller Religionen, aller Nationen. Sie leiden unter furchtbaren Ängsten, großer Einsamkeit, Verzweiflung, Depression; sie spüren die Sinnlosigkeit unserer Lebensweise. Psychologisch betrachtet sind sich die Menschen überall auf der Welt ähnlich. Das ist die Wirklichkeit, das ist die Wahrheit, das ist eine Tatsache. Psychologisch betrachtet sind Sie also die Welt, und die Welt sind Sie; und wenn Sie sich selbst verstehen, verstehen Sie die gesamte innere Struktur und Natur des Menschen. Das ist kein selbstbezogenes Untersuchen, denn wenn Sie sich selbst verstehen, gehen Sie über sich selbst hinaus, dann zeigt sich eine andere Dimension.

Was kann uns dazu bringen, uns zu ändern? Noch mehr Schocks? Noch mehr Katastrophen? Andere Regierungsformen? Andere Vorbilder? Andere Ideale? Davon hatten Sie schon eine ganze Menge, und trotzdem haben Sie sich nicht geändert. Je ausgeklügelter unser Bildungssystem wird, je zivilisierter wir werden – zivilisiert im Sinne einer Entfremdung von der Natur –, desto unmenschlicher werden wir. Was sollen wir also tun? Da nichts außerhalb von mir helfen kann – einschließlich aller Götter –, ist es offensichtlich, dass ich mich alleine selbst verstehen muss. Ich muss erkennen, was ich bin, und mich radikal ändern. Denn daraus entsteht das Gute. Dann kann man eine gute Gesellschaft schaffen.

Das Licht im eigenen Innern

Man kann reden und reden, endlos Worte aneinanderreihen, alle möglichen Schlüsse ziehen, aber wenn es neben all dieser verbalen Verwirrung auch nur eine einzige klare Handlung gibt, dann wiegt diese Handlung zehntausend Worte auf. Die meisten von uns haben Angst davor, zu handeln, weil wir verwirrt, chaotisch, widersprüchlich und verzweifelt sind. Wir hoffen, dass trotz dieser Verwirrung und Unordnung eine gewisse Klarheit entstehen kann: eine Klarheit, die nicht von jemand anderem stammt, die nicht vernebelt werden kann; eine Klarheit, die einem weder gegeben oder aufgedrängt wurde noch genommen werden kann; eine Klarheit, die ohne Willensanstrengung und ohne Absicht bestehen bleibt; eine Klarheit, die kein Ende und deshalb auch keinen Anfang hat.

Die meisten von uns – wenn wir uns überhaupt unserer inneren Verwirrung bewusst sind – wünschen sich das, wir möchten so eine Klarheit. Wir wollen sehen, ob wir zu dieser Klarheit gelangen können, so dass unser Kopf und Herz ganz klar und ungetrübt sind, ohne Probleme und ohne Angst. Es wäre außerordentlich lohnend herauszufinden, ob man sich selbst ein Licht sein kann, ein Licht, das von niemand anderem abhängt und vollständig frei ist. Man kann ein Problem intellektuell untersuchen und analysieren, indem man Schicht für Schicht die Verwirrung und Unordnung abträgt, viele Tage, viele Jahre darauf verwendet, vielleicht ein ganzes Leben lang, und selbst dann möglicherweise gar nichts findet. Sie können also diesen analytischen Prozess durchlaufen und Ursache und Wirkung untersuchen, oder Sie können all das vielleicht auch umgehen und direkt dorthin kommen, ohne die Vermittlerrolle des Verstandes.

Dazu ist Meditation notwendig. Das Wort »Meditation« wurde ziemlich verfälscht; wie das Wort »Liebe« ist es beschmutzt worden. Dabei ist es ein wunderbares Wort, es hat eine tiefe Bedeutung. Es liegt eine große Schönheit darin, nicht in dem Wort an sich, sondern in seiner Bedeutung.

Wir werden für uns selbst herausfinden, ob wir in einen Zustand gelangen können, in dem der Geist ständig in Meditation ist. Um aber das Fundament für diese Meditation legen zu können, muss man verstehen, was Leben ist – Leben und Sterben. Das Verstehen des Lebens und der außerordentlichen Bedeutung des Todes ist Meditation. Meditation ist nicht die Suche nach irgendeiner tiefen mystischen Erfahrung, sie ist keine ständige Wiederholung einer Reihe von Wörtern, wie geheiligt, wie alt sie auch sein mögen. Dadurch wird der Geist nur ruhig gestellt, aber er wird auch abgestumpft, benommen, hypnotisiert. Da können Sie genauso gut eine Beruhigungspille schlucken, das ist viel bequemer. Das Wiederholen von Wörtern, diese Selbsthypnose, das Befolgen einer Technik oder Methode ist keine Meditation.

Etwas erfahren beinhaltet einen Vorgang des Wiedererkennens. Gestern habe ich eine Erfahrung gemacht, die mir entweder Vergnügen oder Schmerz bereitete. Um ganz bei der Erfahrung zu sein, muss man sie wiedererkennen. Wiedererkennen geht aus etwas hervor, das bereits geschehen ist, und deshalb ist Erfahrung niemals neu.

Die Wahrheit kann nie erfahren werden, darin besteht ihre Schönheit. Sie ist immer neu. Sie ist nie das, was gestern geschah. Was gestern geschah, die Ereignisse von gestern, müssen völlig vergessen werden oder gestern durchlebt und abgeschlossen worden sein. Sie als Erfahrung mit sich herumzutragen, um sie als Erfolg werten zu können oder andere damit beeindrucken oder überzeugen zu wollen, erscheint absolut unsinnig. Mit dem Wort »Erfahrung« muss man sehr vorsichtig sein, achtgeben, denn Sie können sich an eine Erfahrung nur erinnern, wenn sie Ihnen bereits widerfahren ist. Das bedeutet, dass es ein Zentrum geben muss, einen Denkenden, einen Beobachter, der das Ereignis, das vorbei ist, bewahrt oder festhält. Wahrheit kann man nicht erfahren. Solange es ein Zentrum gibt, das sich als »Ich« erinnert, ist Wahrheit nicht da. Und wenn jemand behauptet, er hätte die Wahrheit erfahren, begegnen Sie ihm mit Misstrauen. Glauben Sie nicht an seine Autorität.

Wir alle wollen jemandem glauben, der uns etwas verspricht, denn wir haben kein Licht in unserem eigenen Innern. Aber dieses Licht kann Ihnen niemand geben: kein Guru, kein Lehrer, kein Erlöser, niemand. In der Vergangenheit haben wir an viele Autoritäten geglaubt, haben anderen vertraut, und sie haben uns entweder ausgebeutet oder haben vollkommen versagt. Man muss also misstrauisch sein und jegliche spirituelle Autorität verwerfen. Niemand kann uns jenes Licht geben, das nie erlischt.

Einem anderen zu folgen heißt, ihn nachzuahmen. Jemand zu folgen heißt, dass man die eigene Klarheit verneint, die eigene Fähigkeit, den Dingen auf den Grund zu gehen, die eigene Integrität und Aufrichtigkeit; aber es heißt auch, dass der Beweggrund eine Belohnung ist. Die Wahrheit ist keine Belohnung! Wenn man verstehen will, was Wahrheit ist, muss jede Form von Belohnung oder Bestrafung völlig außer Acht gelassen werden. Autorität wird von Angst begleitet, und diszipliniert man sich aus Angst, dass man nicht bekommt, was ein Ausbeuter im Namen der Wahrheit oder als Erfahrung verspricht, so verneint man damit seine eigene Klarheit und Aufrichtigkeit.

Wenn Sie sagen, Sie müssen meditieren, Sie müssen einem bestimmten Weg folgen oder eine bestimmte Technik praktizieren, dann konditionieren Sie sich ganz offensichtlich im Sinne dieses Systems oder dieser Technik. Vielleicht erreichen Sie das, was die Methode verspricht, aber es wird Asche in Ihren Händen sein, denn das dahinterstehende Motiv ist das Streben nach Erfolg, und dieses Streben entspringt der Angst.

Zwischen Ihnen und mir gibt es keine Autorität. Der Redner beansprucht keinerlei Autorität. Er versucht nicht, Sie von irgendetwas zu überzeugen, und fordert Sie nicht auf, ihm zu folgen. Wenn Sie jemandem folgen, zerstören Sie diese Person. Der Jünger zerstört den Meister, und der Meister zerstört den Jünger. Sie können das in der Geschichte sehen und auch im täglichen Leben: Wenn Eheleute einander dominieren, zerstören sie sich gegenseitig. Darin gibt es keine Freiheit, keine Schönheit und keine Liebe.

Wenn wir nicht das richtige Fundament legen, ein Fundament der Ordnung, mit klarer Linie und Tiefe, wird das Denken unweigerlich quälend, trügerisch, unwirklich und daher wertlos werden. Das Schaffen dieser Grundlage, dieser Ordnung ist der Anfang der Meditation. Unser Leben, dieses tägliche Leben, das wir vom Augenblick unserer Geburt bis zu unserem Tode führen, mit Heirat, Kindern, Beruf, Erfolgen, ist ein Schlachtfeld, nicht nur in uns selbst, sondern auch in der Außenwelt, in der Familie, im Büro, in Gruppierungen, in der Gesellschaft. Unser Leben ist ein ständiger Kampf. Das nennen wir Leben. Schmerz, Angst, Verzweiflung, Sorgen, ständig von unendlichem Leid überschattet.

Eine kleine Minderheit kann vielleicht dieses Chaos betrachten, ohne äußerliche Entschuldigungen für dieses Durcheinander zu finden, obwohl es auch äußere Ursachen gibt. Eine kleine Minderheit kann vielleicht dieses Chaos betrachten, es erfassen, es nicht nur auf der bewussten Ebene anschauen, sondern auch auf einer tieferen und dabei diese Unordnung, diese Verwirrung, dieses beängstigende Chaos im Innern und in der Welt weder hinnehmen noch ablehnen. Es ist immer eine kleine Minderheit, die eine entscheidende Veränderung bewirkt.

Insbesondere im Westen ist schon viel über das Unbewusste geschrieben worden. Man hat ihm eine außerordentliche Bedeutung beigemessen. Aber es ist genauso trivial, genauso oberflächlich wie der bewusste Geist. Das können Sie selbst beobachten. Und wenn Sie das tun, werden Sie sehen, dass das, was wir das Unbewusste nennen, Überbleibsel des ethnischen, kulturellen und familiären Hintergrundes, der eigenen Antriebe und Sehnsüchte sind. Sie sind da, im Verborgenen. Und der bewusste Geist ist mit den Gewohnheiten des Alltagsleben beschäftigt: ins Büro gehen, Sex und so weiter. Es scheint ziemlich sinnlos, der einen oder anderen Bewusstseinsebene besondere Bedeutung beizumessen. Beide sind ziemlich bedeutungslos, abgesehen davon, dass der bewusste Geist technisches Wissen besitzen muss, um damit einen Lebensunterhalt zu verdienen.

Dieser ständige Kampf im Innern, sowohl auf der tieferen Ebene als auch an der Oberfläche, ist unsere Art zu leben. Es ist eine Art und Weise voll Unordnung, voll Disharmonie, Widersprüchlichkeit und Leid, und für einen Geist, der darin verstrickt ist, ist der Versuch zu meditieren bedeutungslos, ja infantil. Meditieren heißt, Ordnung in dieses Chaos zu bringen, aber nicht durch Bemühen, denn jegliche Form von Bemühen oder Anstrengung trübt den Geist. Um Wahrheit erkennen zu können, muss der Geist absolut klar sein, ohne jegliche Verzerrungen, ohne irgendeinen Zwang, ohne irgendeine Richtung.

Man muss also die Grundlage schaffen. Das heißt, dass Tugend notwendig ist, und Ordnung ist Tugend. Diese Tugend hat nicht das geringste mit der gesellschaftlichen Moral zu tun, die wir gemeinhin akzeptieren. Die Gesellschaft hat uns eine bestimmte Moral aufgezwungen, aber die Gesellschaft ist nichts anderes als das Produkt jedes einzelnen Menschen. Die Gesellschaft mit ihrer Moral sagt, dass Sie gierig sein können, dass Sie andere im Namen Gottes, im Namen ihres Landes, im Namen eines Ideals töten dürfen, dass Sie ehrgeizig und neidisch sein können, im Rahmen der Gesetze. Aber eine solche Moral ist überhaupt keine Moral. Diese Moral müssen Sie in Ihrem Innern völlig verwerfen, um tugendhaft zu sein. Das ist die Schönheit der Tugend; Tugend ist keine Gewohnheit, nichts, was Sie Tag für Tag praktizieren. Das wäre etwas Mechanisches, eine Routine und ohne Bedeutung; aber echte Tugend bedeutet, die Unordnung zu verstehen, die Unordnung der Widersprüchlichkeit in uns selbst, die Unordnung durch die Tyrannei der verschiedenen Wünsche und Bestrebungen, der Gier, des Neids und der Angst. Das sind die Ursachen für das Chaos in uns selbst und in der Außenwelt. Wenn man sich dessen bewusst ist, ist man in Kontakt mit der Unordnung. Und Sie können damit nur in Kontakt sein, wenn sie von Ihnen nicht abgestritten wird, wenn Sie dafür keine Entschuldigungen finden, wenn Sie nicht anderen die Schuld daran geben.

Ordnung ist kein Zustand, den man schaffen kann – allein im Verwerfen der Unordnung ist Ordnung da. Tugend, die gleichbedeutend mit Ordnung ist, ergibt sich aus dem Verstehen der ganzen Natur und Struktur der Unordnung. Das ist ziemlich einfach, wenn wir in unserem eigenen Innern beobachten, wie konfus und widersprüchlich wir sind: Wir hassen, und wir glauben, dass wir lieben – das ist der Beginn der Unordnung, der Gegensätzlichkeit, und Tugend geht nicht aus der Gegensätzlichkeit hervor. Tugend ist etwas Lebendiges, das täglich wieder aufzugreifen und niemals eine Wiederholung dessen ist, was Sie gestern Tugend nannten. Das wäre etwas Mechanisches, Wertloses. Es muss also Ordnung da sein, und das ist Teil der Meditation.

Ordnung ist Schönheit, und es gibt so wenig Schönheit in unserem Leben. Schönheit ist nicht vom Menschen geschaffen; sie ist nicht in einem Bild zu finden, wie modern oder alt es auch ist: sie ist nicht in einem

Gebäude, einer Statue, einer Wolke, einem Blatt oder auf dem Wasser. Schönheit ist dort, wo Ordnung ist – ein Geist, der nicht verwirrt ist, in dem absolute Ordnung herrscht. Und Ordnung kann nur dort sein, wo es zur völligen Selbstverleugnung kommt, wenn das »Ich« keinerlei Bedeutung hat. Das Ende des »Ich« ist Teil der Meditation, das ist die einzig wahre Meditation.

Sie haben im Denken gelebt. Sie haben dem Denken ungeheure Bedeutung verliehen, doch das Denken ist alt; es ist niemals neu, sondern einfach nur das Festhalten an Erinnerungen. Wenn Sie so leben, gibt es natürlich eine gewisse Art von Kontinuität. Aber es ist eine Kontinuität, die tot ist, vergangen, beendet. Es ist etwas Altes, aber nur, wenn etwas endet, kann etwas Neues entstehen. Es ist also sehr wichtig, das Sterben zu verstehen. Gegenüber allem zu sterben, was man weiß. Haben Sie das je versucht? Frei von Bekanntem, frei von den eigenen Erinnerungen zu sein, wenn auch nur für ein paar Tage; frei von Ihren Vergnügungen zu sein, ohne Ängste oder Einwände; Ihrer Familie, Ihrem Haus, Ihrem Namen zu entsagen, völlig anonym zu werden? Nur der Mensch, der völlig anonym, namenlos geworden ist, der sich in einem Zustand der Gewaltlosigkeit befindet, trägt keine Gewalt in sich. Sterben Sie also jeden Tag, nicht fiktiv, sondern wirklich. Tun Sie es einmal.

Man hat so viel angesammelt, nicht nur Bücher, Häuser, Bankkonten, sondern auch innerlich: die Erinnerungen an Beleidigungen, an Schmeicheleien, an bestimmte eigene Erfahrungen und ichbesessenen Erfolge, die Ihnen Status verleihen. All dem gegenüber sterben, ohne Einwände, ohne Diskussion, ohne jede Angst, es einfach aufgeben – tun Sie es einmal, und Sie werden sehen.

Das im Geiste zu tun – nicht real Ihre Frau oder Ihren Mann, Ihre Kinder oder Ihr Haus zu verlassen oder Ihre Kleider wegzuwerfen – heißt, an nichts mehr zu hängen. Darin liegt große Schönheit. Das ist Liebe, nicht wahr? Liebe ist kein Festhalten. Wo festgehalten wird, existiert Angst. Und Angst führt unweigerlich zu autoritärem, besitzergreifendem, unterdrückendem, dominantem Verhalten.

Meditation ist das Verstehen des Lebens, das zur Ordnung führt. Ordnung ist Tugend, und Tugend ist Licht. Dieses Licht kann nicht von irgendjemand anderem entzündet werden, wie erfahren, wie klug, wie gelehrt, wie spirituell er auch sein mag. Niemand auf der Erde oder im Himmel kann dieses Licht entzünden – das können nur Sie selbst, in Ihrem eigenen Verstehen und Ihrer Meditation.

Innerlich allem gegenüber sterben! Denn Liebe ist jung und unschuldig, rein und klar. Wenn man dann diese Ordnung, diese Tugend, diese Schönheit, dieses Licht im eigenen Innern geschaffen hat, dann kann man darüber hinausgehen. Das bedeutet, dass der Geist – der eine Ordnung als Grundlage hat, die nicht dem Denken entspringt – absolut still wird, und zwar auf ganz natürliche Weise, ohne jeglichen Zwang, ohne jegliche Disziplin. Und im Licht dieser Stille kann alles Handeln stattfinden, das tägliche Leben geschieht aus dieser Stille.

Und wenn man das Glück hat, so weit gekommen zu sein, dann findet in dieser Stille eine ganz andere Bewegung statt, die nicht aus der Zeit kommt und nicht aus Worten, die das Denken nicht ermessen kann, weil sie stets neu ist. Es ist dieses unermessliche Etwas, das der Mensch von jeher gesucht hat. Aber Sie müssen es selbst entdecken, niemand kann es Ihnen geben. Es hat nichts mit Worten oder Symbolen zu tun, denn die sind destruktiv. Doch damit es zum Vorschein kommen kann, brauchen Sie vollkommene Ordnung, Schönheit und Liebe. Und deshalb müssen Sie gegenüber allem sterben, was Sie über Geist und Psyche wissen, damit Ihr Geist klar und unbelastet ist, damit er die Dinge im Inneren und im Äußeren sieht, wie sie wirklich sind.

Die Wahrheit erforschen

Gibt es irgendetwas Heiliges im Leben, das keine Erfindung des Denkens ist? Seit undenklichen Zeiten hat sich der Mensch diese Frage gestellt. Gibt es etwas, das anders ist als all diese Verwirrung, dieses Elend, diese Dunkelheit, diese Illusionen, anders als die Institutionen und Reformen? Gibt es etwas wirklich Wahres, etwas, das über Zeit und Raum hinausgeht, etwas, das so unermesslich ist, dass das Denken es nicht erfassen kann? Der Mensch hat versucht, das herauszufinden, und offensichtlich waren nur ganz wenige Menschen frei genug, einen Zugang zu dieser Welt zu bekommen. Seit alter Zeit steht der Priester zwischen dem Suchenden und dem, was dieser zu finden hofft. Der Priester interpretiert; er wird zu der Person, die weiß oder zu wissen glaubt, und der Suchende gerät aufs Nebengleis, wird umgelenkt, verirrt sich.

Das Denken ist nicht heilig, was immer es auch unternehmen mag. Es ist ein materieller Vorgang, so wie auch wir Materie sind. Das Denken hat die Menschen in Religionen und in Nationalitäten gespalten. Das Denken entsteht aus dem Wissen, und Wissen ist niemals vollständig, deshalb ist das Denken immer begrenzt und wirkt sich trennend aus. Wo sich etwas trennend auswirkt, gibt es zwangsläufig Konflikte: zwischen Kommunisten und Kapitalisten, Arabern und Juden, Hindus und Moslems. Diese Trennungen sind alle auf Denkprozesse zurückzuführen, und wo Trennung herrscht, entsteht Konflikt. Das ist eine Gesetzmäßigkeit. Nichts, was das Denken konstruiert hat, ist heilig – sei es in Büchern, in Kirchen, in Tempeln oder Moscheen. Kein Symbol ist heilig; das hat nichts mit Religion zu tun, sondern nur mit einer bestimmten Form des Denkens, einer oberflächlichen Reaktion auf das, was wir heilig nennen.

Um die Wahrheit erforschen zu können, muss man seine ganze Energie sammeln. Man muss gewissenhaft sein und darauf achten, dass man keinem Muster folgt, sondern die eigenen Gedanken, Gefühle, Abneigungen und Ängste beobachtet und weit über sie hinausgeht, so dass der Geist völlig frei ist. Um das Heiligste, das Namenlose, Zeitlose erforschen zu können, darf man zweifellos keiner Gruppe, keiner Religion, keinem Glauben angehören, weil ein Glauben Dinge als wahr akzeptiert, die vielleicht überhaupt nicht existieren. Es ist das Wesen des Glaubens, dass man etwas als wahr betrachtet, ohne es durch eigenes Forschen, durch die eigene lebendige Kraft, die eigene Energie herausgefunden zu haben. Sie glauben, weil der Glaube eine gewisse Sicherheit und Trost bietet; aber ein Mensch, der nur seelischen Trost sucht, wird niemals auf das stoßen, was über die Zeit hinausgeht. Daher muss völlige Freiheit herrschen. Ist es möglich, frei von allen psychischen Konditionierungen zu sein? Die biologische Konditionierung ist etwas Natürliches, aber die psychische Konditionierung – der Hass, die Feindseligkeit, der Stolz, all diese Dinge, die Verwirrung stiften – ist das Wesen des Selbst, das aus Denken besteht.

Um etwas herauszufinden, ist Aufmerksamkeit erforderlich – nicht Konzentration. Es ist wirklich wichtig zu meditieren, denn ein Geist, der rein mechanisch funktioniert, wie es das Denken tut, kann nie auf das stoßen, was vollständige, höchste Ordnung und daher vollkommene Freiheit ist. Im Universum herrscht vollkommene Ordnung. Im menschlichen Geist dagegen herrscht Unordnung, aber man braucht einen außerordentlich klaren Geist, einen Geist, der das Wesen der Unordnung verstanden hat und frei von Widersprüchlichkeit, Nachahmung und Konformität ist. Ein solcher Geist ist aufmerksam. Er ist vollkommen aufmerksam bei allem, was er tut, bei allen Handlungen und in allen Beziehungen. Aufmerksamkeit ist keine Konzentration.

Konzentration ist eingeschränkt, eng und begrenzt, während Aufmerksamkeit grenzenlos ist. In der Aufmerksamkeit ist eine bestimmte Stille da – keine vom Denken erfundene Stille, nicht die Stille, die auf Lärm folgt, nicht die Stille nach einem Gedanken, der auf den nächsten wartet. Es muss die Stille da sein, die nicht vom Verlangen, vom Willen oder vom Denken erzeugt wurde. In dieser Meditation gibt es niemand, der kontrolliert. In allen Systemen, die von Gruppierungen erfundenen wurden, ist Anstrengung, Kontrolle, Disziplin enthalten. Aber Disziplin bedeutet lernen – nicht sich anzupassen, sondern zu lernen –, so dass der Geist ein immer feineres Gespür bekommt. Lernen ist eine ständige Bewegung; es beruht nicht auf Wissen. Meditation ist Freiheit vom Bekannten, Messbaren. In dieser Meditation herrscht absolute Stille.

Allein in dieser Stille ist das da, was namenlos ist.

Die Schönheit der Tugend

Das Denken ist die Bewegung zwischen dem, »was ist«, und dem, »was sein sollte«. Denken ist die Zeit für das Durchqueren dieses Zwischenraums, und solange es in der Psyche die Trennung zwischen »da« und »dort« gibt, ist die Bewegung vom Denken erzeugte Zeit. Denken ist also Zeit in Form von Bewegung. Gibt es überhaupt Zeit in Form einer Bewegung, in Form von Denken, wenn nur beobachtet wird, »was ist«? Das heißt kein Beobachten mit einem Beobachter und einem Beobachteten, sondern nur ein Beobachten ohne die Bewegung, über das, »was ist«, hinauszugehen. Es ist sehr wichtig, dass der Geist das wirklich versteht, denn das Denken kann wunderbare Bilder von dem, was heilig ist, erzeugen; das haben alle Religionen getan. Alle Religionen beruhen auf Denken. Alle Religionen sind eine Konstruktion des Denkens, in Form von Glaubensvorstellungen, Dogmen, Ritualen. Solange also das Denken als Zeit und Bewegung nicht vollständig verstanden ist, kann der menschliche Geist unmöglich über sich selbst hinausgehen.

Wir sind dazu erzogen, darauf gedrillt worden, das,

»was ist«, in das umzuwandeln, »was sein sollte«, in das Ideal, und das braucht Zeit. Diese ganze Bewegung des Denkens, um den Raum zwischen dem, »was ist«, und dem, »was sein sollte«, zurückzulegen, ist die [gedachte] Zeit, die erforderlich ist, um »was ist«, in das, »was sein sollte«, umzuwandeln. Dabei ist der Beobachter das Beobachtete, und deshalb gibt es nichts zu verändern; es gibt nur das, »was ist«. Der Beobachter weiß nicht, was er mit dem, »was ist«, anfangen soll, und versucht es deshalb mittels verschiedener Methoden zu verändern, zu kontrollieren oder zu unterdrücken. Aber der Beobachter ist das Beobachtete: Das, »was ist«, ist der Beobachter selbst. Er ist auch Wut und Eifersucht. Es gibt keine vom Beobachter getrennte Eifersucht – beide sind identisch. Wenn es keine Bewegung in Form von gedachter Zeit gibt, um das, »was ist«, zu verändern, wenn das Denken erkennt, dass es keine Möglichkeit gibt, das, »was ist«, zu ändern, dann endet das, »was ist«, vollständig, weil der Beobachter das Beobachtete ist.

Wenn Sie dieser Sache richtig auf den Grund gehen, werden Sie das selbst sehen. Es ist wirklich ganz einfach. Wenn ich jemanden nicht mag, ist diese Abneigung nicht vom »Ich« oder vom »Du« getrennt. Derjenige, der etwas nicht leiden kann, ist selbst die

Abneigung; sie ist nichts Abgetrenntes. Und wenn das Denken sagt: »Ich muss meine Abneigung überwinden«, so ist das eine Bewegung in der Zeit, die vom Denken ausgeht, um das zu überwinden, was tatsächlich ist.

Der Beobachter – das eigenständige Gebilde – und das, was »Abneigung« genannt wird, sind ein und dasselbe. Deshalb herrscht völlige Bewegungslosigkeit. Es ist keine Bewegungslosigkeit, die statisch ist, sondern völlige Unbewegtheit und daher vollkommene Stille. Zeit als Bewegung, Zeit als Denken, das ein Ziel erreichen will, ist völlig zum Stillstand gekommen, und deshalb ist Handeln unmittelbar. Der Geist hat die Grundlage geschaffen und ist frei von Unordnung. Nun erblüht Tugend in all ihrer Schönheit. Dieses Fundament ist die Basis für Beziehungen zwischen Ihnen und anderen Menschen. In einer solchen Beziehung sind keine Bilder aktiv, es gibt nur die Beziehung, ohne dass sich ein Bild an das andere Bild anpasst. Es gibt nur das, »was ist«, und kein Verändern von dem, »was ist«. Das Verändern oder Transformieren von dem, »was ist«, ist die Bewegung des Denkens in der Zeit.

Wenn Sie an diesen Punkt gekommen sind, werden der Geist und sogar die Gehirnzellen vollkommen still.

Das Gehirn, das Erinnerungen, Erfahrungen, Wissen gespeichert hat, kann und muss im Bereich des Bekannten tätig sein. Aber jetzt ist dieser Geist, dieses Gehirn, frei von Zeit und Denken. Nun ist der Geist vollkommen still. All das geschieht völlig mühelos. All das muss ohne Disziplin und Kontrolle geschehen, denn diese sind Teil der Unordnung.

Sie wissen, was wir sagen, unterscheidet sich völlig von den Aussagen der Gurus, der »Meister«, der Zen-Philosophen, denn darin gibt es keine Autorität, hier folgt niemand einem anderen. Wenn Sie jemandem folgen, zerstören Sie nicht nur sich selbst, sondern auch den anderen. Ein religiöser Geist erkennt keinerlei Autoritäten an. Aber er besitzt Intelligenz und wendet diese Intelligenz an. In der Welt des Handelns gibt es die Autorität des Wissenschaftlers, des Arztes, des Fahrlehrers, aber darüber hinaus gibt es keine Autorität, keinen Guru.

Wenn Sie also so tief vorgedrungen sind, hat der Geist Ordnung in seine Beziehungen gebracht und versteht die gesamte komplexe Unordnung in unserem Alltag. Aus dem Verstehen dieser Unordnung, aus dem Gewahrsein, in dem kein Auswählen stattfindet, entspringt die Schönheit der Tugend, die nicht kultiviert wurde, die nicht vom Denken hervorgebracht wurde.

Diese Tugend ist Liebe und Ordnung, und wenn der Geist dies tief in sich verwurzelt hat, dann ist sie unbewegt und unveränderbar. Dann können Sie die gesamte Bewegung der Zeit erforschen. Dann ist der Geist vollkommen still. Es gibt keinen Beobachter, keinen Erfahrenden, keinen Denkenden.

Es gibt verschiedene Formen sinnlicher und außersinnlicher Wahrnehmung. Hellsehen, Heilen, alle möglichen Dinge spielen sich ab, aber sie sind alle nebensächlich, und ein Geist, dem es wirklich darum geht, die Wahrheit, das Heilige zu entdecken, wird sich nie mit diesen Dingen abgeben.

Der Geist ist dann frei und kann beobachten. Dann ist das da, was der Mensch seit Jahrtausenden sucht, das keinen Namen hat, das Zeitlose. Aber es lässt sich nicht in Worte fassen. Das vom Denken erschaffene Bild verschwindet vollständig, weil es keinen Jemand mehr gibt, der es mit Worten beschreiben will. Ihr Geist kann es nur entdecken, kann nur darauf stoßen, wenn Sie dieses eigenartige Etwas haben, das Liebe und Mitgefühl genannt wird – nicht nur für Ihren Nächsten, sondern auch für die Tiere, die Bäume, für alles.

Dann wird so ein Geist selbst zu etwas Heiligem.

Die Energie sammeln

Das Denken ist begrenzt, weil das Wissen begrenzt ist, und so muss auch alles, was das Denken unternimmt, alles, was es sich ausdenkt, begrenzt sein. Um verstehen zu können, was ein religiöser Geist ist, braucht man geistige Klarheit und ein reines Herz. Um herauszufinden, was religiöser Geist ist, muss man sämtliche vom Denken erfundenen Rituale und Symbole völlig verwerfen. Wenn man das verwirft, was falsch ist, findet man das, was wahr ist. Sie verwerfen alle Meditationssysteme, weil Sie selbst sehen, dass sie Erfindungen des Denkens sind. Sie sind vom Menschen gemacht. Weil unser Leben so bedeutungslos, so ungewiss ist, suchen wir nach einer tiefen inneren Befriedigung, nach Liebe, nach etwas, das stabil und unvergänglich ist,. Wir möchten etwas Beständiges, Unveränderliches, und wir glauben, wir könnten es bekommen, wenn wir bestimmte Dinge tun. Aber diese Dinge wurden vom Denken erfunden, das in sich selbst widersprüchlich ist, deshalb haben alle vom Denken strukturierten Meditationsformen überhaupt nichts mit Meditation zu tun. Es muss also alles, was der

Mensch geistig erfunden hat, ganz und gar verworfen werden.

Nicht die technischen Erfindungen, die können Sie nicht verwerfen, sondern es geht um das Verneinen all jener Dinge, die der Mensch bei seiner Suche nach Wahrheit geschaffen und niedergeschrieben hat. Wir tappen in diese Falle, weil wir unserem Überdruss, unserem Leid und unserem Schmerz entfliehen wollen. Man muss also alle Meditationshaltungen, alle Atemübungen, alle Aktivitäten des Denkens völlig verwerfen.

Wenn man all das verneint hat, erhebt sich die Frage: Kann das Denken ein Ende haben? Das heißt, das Denken als Zeit – kann die Zeit zum Stillstand kommen? Nicht die Zeit der Außenwelt, sondern die Zeit, die Werden ist – erleuchtet werden, gewaltlos werden, ein eitler Mensch, der versucht, einfach und bescheiden zu werden. Dieses ganze Muster des geistigen Werdens ist Zeit. Auch Denken ist Zeit. Kann das Denken aufhören? Nicht durch Disziplin oder Kontrolle, denn wer ist diese Instanz, die diszipliniert? In uns ist immer dieser Zustand der Dualität: der Kontrollierende und das, was kontrolliert wird; der Beobachter und das Beobachtete; der Erfahrende und das, was erfahren wird; der Denkende und der Gedanke. Immer herrscht in uns diese spaltende Dualität. Wahrscheinlich haben wir sie aus der Beobachtung der dinglichen Außenwelt übernommen. Dort existiert Dualität: Licht und Schatten, hell und dunkel, Mann und Frau. Wahrscheinlich haben wir das auf den Bereich der Psyche übertragen.

Gibt es also einen Kontrollierenden, der von dem, was kontrolliert wird, getrennt ist? Bitte schauen Sie sich das ganz genau an.

In der klassischen, üblichen Meditation geht es den Gurus, die dafür werben, um den, der kontrolliert, und das, was kontrolliert wird. Sie fordern Sie auf, Ihre Gedanken zu kontrollieren, weil Sie dadurch das Denken zum Stillstand bringen oder auf einen einzigen Gedanken reduzieren könnten. Aber wir untersuchen, wer der Kontrollierende ist. Vielleicht sagen Sie: »Es ist das höhere Selbst«, »Es ist der innere Zeuge«, »Es ist Etwas, das nicht das Denken ist«, aber der Kontrollierende ist Teil des Denkens. Das ist offensichtlich. Also ist der Kontrollierende das Kontrollierte. Das Denken hat sich aufgespalten in den Kontrollierenden und das, was er kontrollieren wird, aber es ist immer noch die Aktivität des Denkens. Es ist ein seltsames Phänomen, dass das Denken Götter erfindet und sie dann anbetet. Das ist Selbstanbetung.

Wenn man also versteht, dass der Kontrollierende und das Kontrollierte eins sind, dann gibt es keinerlei

Kontrolle mehr. Es ist gefährlich, das Menschen zu sagen, die das nicht verstanden haben. Wir befürworten keine Zügellosigkeit. Wir sagen nur, dass Sie eine ganz andere Art von Energie haben, wenn wahrgenommen wird, dass der Kontrollierende das Kontrollierte, der Denker der Gedanke ist, und Sie bei dieser Wahrheit, dieser Realität ohne weitere Einmischung des Denkens bleiben.

In der Meditation sammelt sich alle Energie. Ich meine nicht die vom Denken durch Reibereien erzeugte Energie, sondern die Energie eines Geisteszustandes, in dem jegliche Konflikte restlos aufgehört haben. Das Wort »Religion« bedeutet wahrscheinlich, dass Sie ihre ganze Energie sammeln, um gewissenhaft handeln zu können. Ein religiöser Geist handelt gewissenhaft, das heißt fürsorglich, umsichtig, aufmerksam. In diesem Beobachten gibt es Zuneigung und Mitgefühl.

Konzentration ist eine weitere Erfindung des Denkens. In der Schule sagt man Ihnen, dass Sie sich auf die Bücher konzentrieren sollen. Sie lernen, sich zu konzentrieren, versuchen, alle anderen Gedanken auszuschließen und zu vermeiden, aus dem Fenster zu schauen. In der Konzentration kommt es zu Widerständen, was die ungeheure Lebensenergie auf einen bestimmten Punkt einengt und begrenzt. In einer Aufmerksamkeit hingegen, die eine Form des Gewahrseins ist, in der kein Auswählen stattfindet – ein ›wahlloses‹ Gewahrsein also –, ist ihre gesamte Energie vorhanden. Wenn Sie auf diese Weise aufmerksam sind, gibt es kein Zentrum, von dem aus Sie wahrnehmen. In der Konzentration hingegen, gibt es immer ein Zentrum, von dem aus Sie achtgeben.

Wir sollten miteinander auch über den »Raum« sprechen. So wie wir heute leben, eine Wohnung über der anderen, haben wir physisch gesehen keinen Raum. Äußerlich ist kein Raum, und in unserem Innern haben wir ebenfalls keinen Raum, weil unsere Gehirne unablässig plappern. Meditation besteht darin, jenen Raum zu verstehen oder auf ihn zu stoßen, der kein Konstrukt des Denkens ist, jenen Raum, der weder ein Raum des »Ich« noch des »nicht Ich« ist. Dieser Raum ist kein erfundener Raum, kein vorgestellter Raum, sondern wirklicher Raum. Das heißt ungeheure Entfernung, grenzenlose Entfernung, ungehindertes Beobachten, fortwährende Bewegung, die auf kein Hindernis stößt. Das ist unermesslicher Raum, und in diesem unermesslichen Raum gibt es keine Zeit; die durch das Denken erschaffene Zeit ist längst zum Stillstand gekommen aufgrund der Beobachtung, dass das Denken zwar seinen eigenen Raum hat, aber nicht jenen anderen, unermesslichen Raum. Nur wenn wir eine Technik erlernen wollen, braucht das Denken, das Zeit und Wissen ist, Raum.

Auf einer bestimmten Ebene ist das Gedächtnis notwendig, aber nicht auf der psychischen Ebene. Wenn das Gehirn durch ständiges Gewahrsein von den sich ansammelnden Erinnerungen gereinigt wird, verschwindet das »Ich«, das Fortschritte macht, das »Ich«, das etwas zustande bringt, das »Ich«, das in Konflikte verstrickt ist, denn Sie haben Ihr Haus in Ordnung gebracht. Das Gehirn hat seinen eigenen Rhythmus, aber dieser Rhythmus wurde durch unsere Ausschweifungen deformiert, durch unser Misshandeln des Gehirns mit Drogen, Alkohol und Zigaretten, durch Glauben und Überzeugungen. Es hat seine ursprüngliche Lebendigkeit verloren.

Meditation ist das Spüren und vollkommene Erfassen der Gesamtheit des Lebens, dem rechtes Handeln entspringt. Meditation ist die absolute Stille des Geistes. Keine relative Stille, auch nicht eine Stille, die das Denken sich vorgestellt und konstruiert hat, sondern die Stille der Ordnung, die Freiheit ist. Nur in dieser vollkommenen, unverfälschten Stille ist das da, was Wahrheit ist, was von Ewigkeit zu Ewigkeit ist.

Das ist Meditation.

Das ewige, zeitlose Heilige

Das menschliche Gehirn, das so uralt ist, das so erstaunliche, grenzenlose Fähigkeiten besitzt, hat sich im Laufe der Zeit entwickelt, hat viele Erfahrungen gesammelt, Wissen erworben. Kann sich dieses Gehirn, das so stark konditioniert ist und sich ständig abnutzt, sich selbst verjüngen? Kann Ihr Gehirn sich von der Kontinuität befreien, dieses Fortbestehen des Bisherigen beenden, um völlig neu zu beginnen? Kann das Gehirn vollkommen unschuldig werden? Ich gebrauche das Wort »unschuldig« im Sinne von »unfähig, verletzt zu werden«; das bedeutet ein Gehirn, das nicht nur unfähig ist, andere zu verletzen, sondern auch selbst nicht verletzt werden kann.

Ihr Gehirn, welches das Gehirn aller menschlichen Wesen ist, entwickelte sich im Laufe einer ungeheuren Zeitspanne; es wurde durch Kulturen und Religionen konditioniert, durch wirtschaftlichen und gesellschaftlichen Druck und Zwang. Dieses Gehirn hat bis heute eine beständige Kontinuität erfahren und in diesem Fortbestehen eine gewisse Sicherheit gefunden. Deshalb akzeptieren Sie Traditionen, weil die Tradition

Sicherheit gibt; Nachahmen gibt Sicherheit; Konformität, Übereinstimmen mit anderen geben Sicherheit. Und Illusionen geben auch Sicherheit. Offensichtlich sind all Ihre Götter[bilder] Illusionen und wurden vom Denken erstellt. Ein Glaube ist eine Illusion. Ein Glaube ist unnötig, aber wenn man einen hat – an Gott, an Jesus, an Krishna oder was auch immer –, vermittelt es das Gefühl, beschützt zu sein, auf Gottes Schoß zu sitzen, aber das ist eine Illusion.

Wir fragen, ob das Gehirn ein Ende der Kontinuität der Zeit entdecken kann. Diese Kontinuität, die auf der Kontinuität des Wissens beruht, wird als Vorwärtskommen, Fortschritt, Evolution betrachtet, aber wir stellen das infrage. Wenn das Gehirn Kontinuität sucht, wird es mechanisch. Alles Denken ist mechanisch, weil es auf dem Gedächtnis beruht und somit aus dem Wissen hervorgeht. Daher gibt es kein Denken, das neu ist.

Das »Ich« ist etwas kontinuierlich Fortbestehendes. Das »Ich« wird seit Jahrtausenden weitergegeben, von Generation zu Generation; es ist eine Kontinuität, und was sich kontinuierlich fortsetzt, ist etwas Mechanisches; im Ich ist nichts Neues. Es ist wunderbar, wenn Sie das sehen.

Bitte hören Sie still zu; stimmen Sie nicht zu, hören Sie einfach zu. Solange das Gehirn Verletzungen, Schmerzen aufzeichnet, gibt ihm das Kontinuität. Es vermittelt die Vorstellung, dass »ich« weiterhin fortbestehe. Solange das Gehirn wie ein Computer Dinge aufzeichnet, ist es etwas Mechanisches. Wenn Sie beleidigt oder gelobt werden, zeichnet Ihr Gehirn das auf, so wie es das seit Jahrtausenden gemacht hat. Das ist unsere Konditionierung, unsere ganze Weiterentwicklung. Nun fragen wir uns, ob es möglich ist, nur das aufzuzeichnen, was wichtig ist und nichts anderes? Weshalb sollten Sie aufzeichnen, wenn Sie verletzt werden? Weshalb sollten Sie aufzeichnen, wenn jemand Sie beleidigt oder Ihnen schmeichelt? Wenn Sie solche Dinge aufzeichnen – wenn das Gehirn sie aufzeichnet –, dann verhindert das Aufzeichnen, dass Sie denjenigen wahrnehmen, der Sie beleidigt hat. Das heißt, Sie nehmen die Person, die Sie beleidigt oder gelobt hat, mit dem Geist, dem Gehirn wahr, das diese Dinge aufgezeichnet hat, daher können Sie die andere Person nie wirklich sehen. Das Aufzeichnen ist etwas Kontinuierliches, und diese Kontinuität gibt Sicherheit. Das Gehirn sagt: »Ich wurde einmal verletzt, deshalb werde ich das aufzeichnen, es behalten und so in Zukunft weitere Verletzungen vermeiden.« Was den Körper betrifft, mag das wichtig sein, aber gilt das auch in psychischer Hinsicht? Sie wurden verletzt, weil Sie im Laufe der Zeit ein Bild von sich aufgebaut haben, und wenn diesem Bild ein Stich versetzt wird, sind Sie verletzt. Solange Sie dieses Bild von sich haben, werden Sie immer wieder verletzt werden.

Ist es also möglich, kein Selbstbild zu haben und folglich nichts aufzuzeichnen? Wir schaffen die Grundlage, um entdecken zu können, was Meditation ist. Ist es möglich, psychisch nichts aufzuzeichnen, sondern nur das aufzuzeichnen, was notwendig und wichtig ist? Wenn Sie Ordnung geschaffen haben, wenn in Ihrem Leben Ordnung herrscht, ist Freiheit da. Nur der ungeordnete Geist ist auf der Suche nach Freiheit. Wenn vollkommene Ordnung herrscht, dann ist diese Ordnung Freiheit.

Um dieser Sache wirklich auf den Grund zu gehen, müssen Sie die Beschaffenheit Ihres Bewusstseins verstehen. Ihr Bewusstsein ist sein Inhalt: Ohne seinen Inhalt existiert kein Bewusstsein. Der Inhalt macht unser Bewusstsein aus. Der Inhalt ist unsere Tradition, unsere Angst, unser Name, unsere Stellung. Das ist der Inhalt und das ist unser Bewusstsein. Kann dieses gesamte Bewusstsein – einschließlich des Gehirns und des Geistes – mit seinem ganzen Inhalt, diesen Inhalt erkennen, sein Andauern begreifen und einen Teil dieses Bewusstseins nehmen, beispielsweise, dass man an etwas hängt, und es freiwillig beenden? Das bedeutet, dass Sie die Kontinuität unterbrechen. Wir fragen, ob es möglich ist, nichts anderes aufzuzeichnen als das, was notwendig und wichtig ist. Erkennen Sie die Schönheit dieser Frage, was diese Frage alles beinhaltet, die Tiefe der Frage. Ich sage, es ist möglich. Ich werde das erklären, aber die Erklärung ist nicht das Tatsächliche. Verlieren Sie sich nicht in der Erklärung, sondern gelangen Sie durch die Erklärung zum Tatsächlichen. Dann ist die Erklärung nicht länger wichtig.

Die Bewegung der Zeit, die Bewegung des Denkens, die Bewegung des Wissens, die aus der Vergangenheit kommt, sich selbst in der Gegenwart modifiziert und weitergeht, ist Kontinuität, Fortbestehen. Darin besteht der gesamte Vorgang des Aufzeichnens durch das Gehirn, ohne ihn gäbe es kein Wissen. Wissen ist Kontinuität, und das Gehirn hat Sicherheit in dieser Kontinuität gefunden; deshalb muss es aufzeichnen. Diese Bewegung hat auch den psychischen Bereich erfasst. Aber Wissen ist immer begrenzt. Es gibt kein allmächtiges, allumfassendes Wissen, aber das Gehirn, das in der Bewegung des Wissens Sicherheit gefunden hat, klammert sich daran und interpretiert jedes Ereignis, jeden Zwischenfall anhand der Vergangenheit.

Deshalb hat die Vergangenheit ungeheure Bedeutung für das Gehirn, denn das Gehirn ist selbst die Vergangenheit.

Aber Ihr eigener Verstand erkennt logischerweise sehr klar, dass alles, was Kontinuität besitzt, nicht neu ist. Es gibt keinen neuen Duft, es gibt keinen neuen Himmel, es gibt keine neue Erde. Und so fragt der Verstand: »Kann die Kontinuität enden, ohne dass das Gehirn in Gefahr gerät, denn ohne Kontinuität verliert es die Orientierung?« Er fragt: »Wenn ich die Kontinuität beende, was dann?« Das Gehirn fordert Sicherheit, also was ist dann? Das Gehirn hat gesagt, dass es nur funktionieren kann, wenn es Sicherheit hat, ganz gleich, ob das eine falsche oder echte Sicherheit ist, und die Kontinuität des Aufzeichnens hat ihm Sicherheit gegeben. Und Sie sagen zum Gehirn: »Zeichne nur auf, was notwendig und wichtig ist und nichts anderes.« Jetzt weiß das Gehirn plötzlich nicht mehr weiter. Weil es aus seinem Sicherheitsbedürfnis heraus funktioniert, sagt es: »Gib mir Sicherheit, und ich werde mich damit befassen [ob die Kontinuität enden kann].«

Es gibt Sicherheit, aber nicht diese Art von Sicherheit. Sicherheit bedeutet, dass dem Wissen, dem Denken der angemessene Platz zugewiesen wird. Ordentlichkeit im Leben ist nur möglich, wenn das Gehirn verstanden hat, dass es in Unordnung lebt, und diese Unordnung Sicherheit nennt. Wenn es erkennt, dass Sicherheit bedeutet, alles in Ordnung zu bringen, das heißt, alles Wichtige aufzuzeichnen und nichts Unwichtiges, dann sagt es: »Ich habe das verstanden, ich habe es erfasst, ich habe Einblick in diese ganze Bewegung der Kontinuität gewonnen.« Das Gehirn hat eine Einsicht. Diese Einsicht ist das Ergebnis vollkommener Ordnung, die dann herrscht, wenn das Gehirn alles an seinen richtigen Platz gebracht hat. Dann ergibt sich ein vollständiger Einblick in die gesamte Bewegung des Bewusstseins. Und daher wird das Gehirn nur das aufzeichnen, was notwendig ist, und nichts anderes. Dies beinhaltet, dass die Aktivität und die ganze Struktur des Gehirns eine Veränderung erfahren. Denn wenn zum ersten Mal etwas Neues gesehen wird, tritt eine neue Funktionsweise in Kraft. Wenn das Gehirn etwas Neues sieht, wirkt etwas Neues, ein neuer Organismus entsteht. Für den Geist, das Gehirn, ist es absolut notwendig, dass er ganz jung, frisch, unschuldig, lebendig wird, und das geschieht, wenn psychisch jegliches Aufzeichnen endet.

Existiert Liebe innerhalb dieses Bewusstseins? Hat Liebe eine Kontinuität? Wir sagten, Bewusstsein ist

Kontinuität und Tradition. Ist Liebe Teil dieses Bewusstseinsbereichs, oder ist sie völlig außerhalb davon? Wenn sie sich innerhalb unseres Bewusstseinsbereichs befindet, ist Liebe dann nicht immer noch Teil des Denkens? Der Inhalt unseres Bewusstseins wird vom Denken zusammengefügt. Glaubensvorstellungen, Götter, Aberglauben, Traditionen, Angst – all das ist Teil des Denkens. Ist auch Liebe Teil des Denkens, Teil dieses Bewusstseins? Das heißt, ist Liebe Verlangen, ist sie Vergnügen, Sex? Ist Liebe Teil des Denkprozesses? Ist Liebe, ein Angedenken zu bewahren?

Liebe kann unmöglich da sein oder entstehen wie der frische Morgentau, wenn der Intellekt absoluten Vorrang hat. Und unsere Zivilisation betet den Intellekt an, weil er Theorien über Gott entwickelt hat, weil er sich Grundsätze und Ideale ausgedacht hat. Ist also Liebe Teil dieses Stroms, dieses Bewusstseins? Kann Liebe da sein, wenn Eifersucht vorhanden ist? Kann Liebe da sein, wenn man an einer Ehefrau, an einem Ehemann, an Kindern hängt? Kann Liebe da sein, wenn die Erinnerung an sexuelle Anziehung aufsteigt, wenn jemandem ein Andenken bewahrt wird, wenn ein Bild besteht? Besitzt Liebe Kontinuität? Bitte schauen Sie sich das genau an, finden Sie es heraus, denn in Ihren Herzen ist diese Sache nicht vorhanden, und das ist der

Grund, weshalb die Welt in einem solch desolaten Zustand ist.

Um auf diese Liebe zu stoßen, muss der gesamte Strom des Bewusstseins ein Ende haben: Ihre Eifersucht, Ihre Feindseligkeit, Ihr Ehrgeiz, Ihr Verlangen nach Ansehen, Ihr Wunsch, besser, edler zu werden oder Ihr Streben nach Macht – ganz gleich, ob es die Macht ist, zu schweben, oder die Macht im Geschäftsleben, in einer Position, in der Politik, in einer Religion oder die Macht über Ihre Frau, Ihren Mann, Ihre Kinder. Wo es auch nur eine Spur von Egoismus gibt, ist das Andere nicht da. Und der Prozess des Aufzeichnens ist der Kern des Egoismus. Das Ende des Leids ist der Beginn des Mitgefühls, aber wir haben Leid als Mittel benutzt, um voranzukommen, um besser zu werden. Das Gegenteil ist der Fall; im Enden findet etwas unendlich Neues statt.

Es muss Raum da sein, nicht nur physischer Raum, sondern Raum innerhalb des Geistes, und das bedeutet, nicht beschäftigt zu sein. Doch unser Geist ist immer beschäftigt: »Wie soll ich das innere Gerede stoppen?« »Ich brauche Raum.« »Ich muss still sein.« Eine Hausfrau ist mit Kochen beschäftigt, mit ihren Kindern; ein frommer Mensch ist mit seinem Gott beschäftigt, ein Mann mit seinem Beruf, mit Sex, mit seinem Job, seinem Ehrgeiz, seiner Stellung. Unser Geist ist vollauf beschäftigt, und somit gibt es in ihm keinen Raum.

Wir schaffen Ordnung in unserem Leben, die keine Ordnung durch Disziplin oder Kontrolle ist. Intelligenterweise haben wir erkannt, dass Ordnung nur aus dem Verstehen der Unordnung hervorgehen kann. Wir schaffen Ordnung in unserem Leben, Ordnung in unseren Beziehungen, was sehr wichtig ist, denn das Leben ist Beziehung, ein sich Bewegen, ein Handeln in Beziehungen. Wenn in Ihrer Beziehung zu Ihrer Frau, Ihrem Mann, Ihren Kindern, Ihrem Nächsten – ganz gleich ob dieser ganz nah oder weit weg ist – keine Ordnung herrscht, dann können Sie Meditation vergessen. Wenn Sie ohne Ordnung in Ihrem Leben zu meditieren versuchen, werden Sie in die Falle der Illusionen geraten. Wenn Sie ernsthaft waren und in Ihrem Leben Ordnung herrscht – keine vorübergehende Ordnung, sondern absolute Ordnung –, dann kann diese Ordnung auf die kosmische Ordnung schauen, dann steht diese Ordnung in Beziehung zur kosmischen Ordnung. Die kosmische Ordnung ist das Untergehen der Sonne, das Aufgehen des Mondes, der wunderbare Abendhimmel in all seiner Schönheit. Den Kosmos, das Universum bloß durch ein Teleskop zu erforschen ist keine Ordnung. Wenn hier in unserem Leben Ordnung herrscht, dann hat diese Ordnung eine außergewöhnliche Beziehung zum Kosmos.

Wenn ein Geist beschäftigt ist, sind keine Ordnung und kein Raum da. Wenn der Geist voller Probleme ist, wie kann er da Raum haben?

Um [innerlich] Raum zu haben, muss jedes Problem sofort gelöst werden, wenn es auftaucht. Das gehört zur Meditation – nicht jedoch, Probleme Tag für Tag vor sich herzuschieben. Ist es möglich, nicht beschäftigt zu sein, was nicht bedeutet, verantwortungslos zu sein? Im Gegenteil, wenn Sie nicht beschäftigt sind, richten Sie ihre Aufmerksamkeit [unwillkürlich] auf die Verantwortlichkeit. Nur der beschäftigte Geist ist verwirrt, und deshalb wird Verantwortung unangenehm und kann Schuldgefühle auslösen. Bitte fragen Sie nicht, wie es geht, nicht beschäftigt zu sein, denn dann sind Sie mit einer Technik, einer Methode, mit Schlagworten beschäftigt. Aber wenn Sie sehen, wenn die Einsicht kommt, dass ein beschäftigter Geist ein destruktiver Geist ist und kein freier Geist, wenn Sie sehen, dass er keinen Raum hat, dann geschieht es.

Nun können wir uns der Aufmerksamkeit zuwenden. Sind Sie jetzt aufmerksam? Was bedeutet »aufmerksam sein«? Wenn Sie wirklich ganz und gar aufmerksam sind, gibt es kein Zentrum, aus dem Sie aufmerksam sind. Und diese Art von Aufmerksamkeit kann nicht andauern, so wie Sie es gerne hätten. Die Kontinuität ist Unaufmerksamkeit. Wenn Sie aufmerksam sind, das heißt zuhören, dann gibt es in dieser Aufmerksamkeit kein Zentrum, das sagt: »Ich erlebe, ich höre, ich sehe.« Es gibt nur die ungeheure Empfindung der Ganzheit, das Schauen, Lauschen, Erleben ist. In dieser Aufmerksamkeit gibt es keine Regung des Denkens. Aber diese Aufmerksamkeit kann nicht aufrechterhalten werden. Wenn das Denken sagt, es muss herausfinden, wie es zu dieser Aufmerksamkeit kommt oder wie es sie erreichen kann, so ist dieser Impuls des Wunsches, die Aufmerksamkeit einzufangen, [bereits] Unaufmerksamkeit, ein Mangel an Aufmerksamkeit. Aufmerksam sein heißt, sich der Bewegung weg von der Aufmerksamkeit bewusst zu sein.

Der Geist muss viel Raum, grenzenlosen Raum haben, und das ist nur möglich, wenn es kein [inneres] Gerede gibt, wenn kein Problem existiert, weil alle Probleme bereits bei ihrem Entstehen gelöst wurden. Sie können nur dann viel Raum haben, wenn kein Zentrum existiert. In dem Moment, in dem Sie ein Zentrum haben, muss es auch eine Umgrenzung geben, einen Durchmesser, eine Bewegung vom Zentrum zum

Randbereich. Raum bedeutet, dass es kein Zentrum gibt. Deshalb ist Raum absolut grenzenlos. Aufmerksamkeit bedeutet, Ihre ganze Energie darauf zu verwenden, zu hören und zu sehen; in diesem Vorgang gibt es kein Zentrum. Dann kommt ein Geist zum Vorschein, der Ordnung verstanden hat und frei ist von Angst, der das Leid beendet hat, der die Natur des Vergnügens erkannt und ihm den richtigen Platz zugewiesen hat.

Dann stellt sich die Frage: Welche Beschaffenheit hat ein Geist, der vollkommen still ist? Wir sprechen nicht davon, wie Stille erreicht wird, wie es zu innerem Frieden kommt – wir sprechen von der Beschaffenheit eines Geistes, der absolut und zeitlos still ist.

Es gibt Stille zwischen zwei Noten; es gibt Stille zwischen zwei Gedanken, zwischen zwei Bewegungen. Es gibt Stille zwischen zwei Kriegen; es gibt Stille zwischen Mann und Frau, bevor sie anfangen zu streiten. Wir sprechen nicht von diesen Arten der Stille, denn sie sind vorübergehend, sie verschwinden. Wir sprechen von einer Stille, die nicht vom Denken produziert wurde, die nicht kultivierbar ist, die nur eintritt, wenn Sie die gesamte Bewegung des Daseins verstanden haben. In diesem Verstehen tritt Stille ein, es gibt kein Fragen und Antworten, es gibt keine Herausforderung und keine Suche – alles hat aufgehört. In dieser Stille gibt es ein starkes Empfinden des [unbegrenzten] Raumes und der Schönheit und ein außergewöhnliches Gefühl von Energie.

Dann kommt das [zum Vorschein], was ewig und zeitlos heilig ist, was kein Produkt der Zivilisation, kein Produkt des Denkens ist.

Das ist die gesamte Bewegung der Meditation.

Was ist Schöpfung?

Was ist der Ursprung des ganzen Daseins – von der winzigsten Zelle bis hin zum komplexesten Gehirn? Gab es überhaupt einen Anfang, und wird all das irgendwann ein Ende haben? Was ist Schöpfung? Um in etwas völlig Unbekanntes, völlig Unvorstellbares vordringen zu können, ohne in sentimentalen, romantischen Illusionen verfangen zu sein, muss das Gehirn vollkommen frei von all seinen Konditionierungen und Programmierungen, frei von jeglichen Einflüssen und somit hoch sensibel und ungemein aktiv sein. Ist das möglich? Ist es möglich, einen Geist zu haben, das heißt ein Gehirn, das außerordentlich lebendig ist, das nicht in irgendeiner Form von Routine gefangen ist, das nicht mechanisch arbeitet? Haben wir ein Gehirn, in dem es keine Angst gibt, kein Eigeninteresse, keine selbstbezogene Aktivität? Andernfalls lebt es ständig in seiner selbstgeschaffenen Dunkelheit, in seinem eigenen gruppenbezogenen, begrenzten Umfeld, wie ein Tier, das an einen Pflock gebunden ist.

Ein Gehirn muss Raum haben. Raum ist nicht nur eine Entfernung zwischen hier und dort, Raum bedeutet auch, dass kein Zentrum da ist. Wenn Sie ein Zentrum haben und sich vom Zentrum zur Peripherie hin bewegen, bleibt der Raum immer begrenzt, wie weit entfernt die Peripherie auch sein mag. Raum bedeutet also: kein Zentrum, keine Peripherie, keine Umgrenzung.

Haben wir ein Gehirn, das nirgendwo dazugehört, das an nichts hängt – an Erfahrungen, Schlussfolgerungen, Hoffnungen, Idealen –, so dass es wirklich vollkommen frei ist? Wenn Sie mit etwas belastet sind, können Sie nicht weit gehen. Wenn der Geist roh, vulgär, selbstbezogen ist, kann er keinen unermesslichen Raum haben. Und Raum bedeutet – man verwendet das Wort sehr, sehr vorsichtig – »Leere«.

Wir versuchen herauszufinden, ob es möglich ist, in dieser Welt ohne jede Angst, ohne jeden Konflikt, mit immensem Mitgefühl zu leben. Das erfordert hohe Intelligenz. Ohne Intelligenz können Sie kein Mitgefühl haben. Aber diese Intelligenz ist keine Aktivität des Denkens. Man kann nicht mitfühlend sein, wenn man an einer bestimmte Ideologie, an einer bestimmten engstirnigen Gruppenzugehörigkeit oder an irgendeiner religiösen Vorstellung hängt, denn all das schränkt ein. Mitgefühl kann nur entstehen – da sein –, wenn das Leid endet, was auch das Ende des selbstbezogenen Handelns ist.

Raum bedeutet also Leere, das Nichts. Und weil da gar nichts ist, was vom Denken kommt, enthält dieser Raum ungeheure Energie. Das Gehirn muss also völlig frei sein und Raum haben. Und das heißt, man muss Nichts sein. Jeder von uns ist irgendetwas: Analytiker, Psychotherapeutin, Arzt. Das ist in Ordnung, aber wenn wir Therapeut, Biologe oder Techniker sind und uns damit identifizieren, schränkt dies die Vollständigkeit und Ganzheit des Gehirns ein. Nur wenn Freiheit und Raum da sind, können wir die Frage stellen, was Meditation ist.

Wenn man die Grundlage für Ordnung im Leben geschaffen hat, kann man fragen, was wahre Meditation ist. Ordnung kann es nicht geben, wenn Angst da ist. Ordnung kann es nicht geben, wenn es irgendeine Form von Konflikt gibt. Unser inneres Haus muss vollkommen in Ordnung sein, damit große Stabilität vorhanden ist, ohne jedes Hin- und Herschwanken. Diese Stabilität bringt eine große innere Stärke mit sich. Wenn das Haus nicht in Ordnung ist, dann hat Ihre Meditation sehr geringe Bedeutung. Sie können alle möglichen Illusionen erfinden, jede Form von Erleuchtung, jede Form von täglicher Disziplin, es bleibt immer begrenzt, es bleibt eine Illusion, weil es aus der Unordnung entsteht. Das ist alles logisch, klar und rational; der Redner hat das nicht erfunden, damit Sie es akzeptieren.

Darf ich den Ausdruck »undisziplinierte Ordnung« verwenden? Solange keine undisziplinierte Ordnung herrscht, bleibt Meditation sehr oberflächlich und bedeutungslos.

Was ist Ordnung? Denken kann keine innere Ordnung schaffen, weil Denken selbst Unordnung ist, weil Denken auf Wissen beruht und das wiederum auf Erfahrung. Alles Wissen ist begrenzt, und deshalb ist auch Denken begrenzt. Und wenn das Denken versucht, Ordnung zu schaffen, bringt es nur Unordnung zustande. Das Denken hat Unordnung durch den Konflikt zwischen dem, »was ist«, und dem, »was sein sollte« geschaffen, zwischen dem Tatsächlichen und dem Theoretischen. Aber es gibt nur das Tatsächliche und nicht das Theoretische. Das Denken schaut von einem beschränkten Standpunkt aus auf das Tatsächliche, und deshalb muss sein Handeln unweigerlich Unordnung schaffen. Erkennen wir das als eine Wahrheit, als eine Gesetzmäßigkeit, oder ist es für uns nur eine Vorstellung?

Angenommen, ich bin gierig und neidisch; das ist, »was ist« – das Gegenteil existiert nicht. Aber das Gegenteil ist von den Menschen, vom Denken als Mittel geschaffen worden, um das, »was ist«, zu verstehen und auch um vor dem, »was ist«, zu flüchten. Aber es gibt nur das, »was ist«, und wenn Sie das, »was ist«, ohne sein Gegenteil wahrnehmen, dann bringt schon allein dieses Wahrnehmen Ordnung.

Unser Haus muss in Ordnung sein, aber diese Ordnung kann nicht vom Denken zustande gebracht werden. Das Denken entwickelt seine eigene Disziplin: Tu dies, tu das nicht; befolge dies, befolge das nicht; halte dich an die Tradition, halte dich nicht daran. Das Denken ist der Führer, durch den man hofft, Ordnung schaffen zu können, aber das Denken ist selbst begrenzt und muss deshalb zwangsläufig Unordnung erzeugen. Wenn ich unablässig wiederhole, dass ich Engländer, Französin, Hindu oder Buddhistin bin, so ist diese Gruppenzugehörigkeit sehr beschränkt, dieses Gruppendenken richtet große Verwüstungen in der Welt an. Wir gehen nie an die Wurzeln dieses Gruppendenkens, um es zu beenden. Stattdessen versuchen wir, eine bessere Kriegsführung zu entwickeln. Ordnung kann nur entstehen, wenn das Denken, das in bestimmten Bereichen notwendig ist, in der psychischen Welt keinen Platz hat. Die Welt selbst ist in Ordnung, wenn das Denken abwesend ist.

Es ist erforderlich, dass das Gehirn absolut still ist.

Das Gehirn hat seinen eigenen Rhythmus, ist ununterbrochen aktiv, redet und springt von einem Thema zum anderen, von einem Gedanken zum anderen, von einer Assoziation zur anderen, von einem Zustand zum anderen. Es ist ständig beschäftigt. Gewöhnlich ist man sich dessen gar nicht bewusst, aber wenn man sich dieses Augenblicks, ohne auszuwählen, bewusst ist, dann beendet das bloße Gewahrsein, die bloße Aufmerksamkeit das Gerede. Bitte tun Sie es, und Sie werden sehen, wie einfach das alles ist.

Das Gehirn muss frei sein, Raum haben und psychische Stille. Sie und ich sprechen miteinander. Denken wird eingesetzt, weil wir eine Sprache sprechen. Aber um aus der Stille zu sprechen ...

Dafür ist Freiheit vom Wort erforderlich. Dann ist das Gehirn absolut still, auch wenn es seinen eigenen [Lebens]rhythmus hat.

Was ist dann Schöpfung, was ist der Anfang des Ganzen? Wir untersuchen den Ursprung allen Lebens, nicht nur unseres Lebens, sondern des Lebens aller Lebewesen: der Wale in den Tiefen der Meere, der Delfine, der kleinen Fische, der winzigen Zellen, der gewaltigen Natur, der Schönheit eines Tigers. Von der winzigsten Zelle bis zum komplexesten Wesen, dem Menschen – mit all seinen Erfindungen und Illusionen, mit seinen abergläubischen Vorstellungen, seinen Streitigkeiten und Kriegen, mit seiner Arroganz und vulgären Art, mit seinen ungeheuren Hoffnungen und Bestrebungen und seinen tiefen Depressionen – was ist der Ursprung des Ganzen?

Meditation ist, das zu finden. Es ist nicht so, dass *Sie* es finden. Gibt es in dieser Stille, in dieser Ruhe, in diesem absoluten Frieden einen Anfang? Und wenn es einen Anfang gibt, muss es auch ein Ende geben. Was eine Ursache hat, muss enden. Wo es eine Ursache gibt, muss es ein Ende geben. Das ist ein Gesetz, das ist die Natur der Dinge. Gibt es also überhaupt eine Ursache für die Schöpfung des Menschen, für die Schöpfung des ganzen Lebens? Hat all das einen Anfang? Wie können wir das herausfinden?

Was ist Schöpfung? Ich meine nicht die Schöpfungen des Malers oder der Poetin, auch nicht die des Bildhauers; das sind alles greifbare Dinge. Gibt es etwas, das nicht greifbar, nicht manifestiert ist? Gibt es etwas, das keinen Anfang und kein Ende hat, weil es nicht manifestiert ist? Alles, was manifestiert ist, hat einen Anfang und ein Ende. Wir sind Manifestationen, Erscheinungsformen. Nicht von einem göttlichem Etwas, sondern wir sind das Ergebnis von Tausenden von Jahren sogenannter Evolution, von Wachstum und

Entwicklung, und auch wir haben ein Ende. Alles, was manifest ist, kann zerstört werden, aber was nicht manifest ist, unterliegt nicht der Zeit.

Wir fragen, ob es etwas gibt, das über alle Zeit hinausgeht? Diese Frage haben Philosophen, Wissenschaftler und religiöse Menschen schon immer untersucht, um das zu finden, was über das Messen des Menschen und über die Zeit hinausgeht. Denn das zu entdecken, das zu sehen, das ist Unsterblichkeit. Das geht über den Tod hinaus. Der Mensch hat das gesucht – auf verschiedene Arten, in verschiedenen Teilen der Welt, mit Hilfe unterschiedlicher Glaubensformen –, denn wenn man das entdeckt oder erkennt, dann hat das Leben keinen Anfang und kein Ende. Es geht über alle Vorstellungen, über alle Hoffnungen hinaus. Es ist etwas Unermessliches.

Nun zurück zur Erde. Schauen Sie, wir betrachten das Leben, unser eigenes Leben, nie als eine gewaltige Bewegung mit großer Tiefe, mit immenser Weite. Wir haben unser Leben auf eine so kümmerliche, kleine Angelegenheit reduziert. Dabei ist das Leben in Wirklichkeit das Heiligste, was es gibt. Jemand zu töten ist die größte areligiöse Gräueltat – oder auf jemand wütend, gegenüber jemand gewalttätig zu werden.

Wir sehen die Welt nie als ein Ganzes, weil wir selbst

so zerrissen, so schrecklich beschränkt, so kleinlich sind. Wir spüren nie die Ganzheit, in dem die Dinge des Meeres, die Dinge der Erde, die Natur, der Himmel, das ganze Universum Teil von uns sind. Es geht nicht um eine Vorstellung – Sie können sich in eine Fantasievorstellung hineinversetzen und sich einbilden, Sie seien das Universum, und dann werden Sie verrückt. Aber bringen Sie dieses kleine, selbstbezogene Eigeninteresse zum Einsturz, behalten Sie nichts davon, so können Sie sich von da aus endlos weiterbewegen. Das ist Meditation, nicht das Sitzen mit gekreuzten Beinen oder Kopfstand üben, oder was immer man da macht, sondern das Spüren der vollständigen Ganzheit und Einheit des Lebens. Und das kann nur eintreten, wenn Liebe und Mitgefühl da sind.

Eine unserer Schwierigkeiten besteht darin, dass wir Liebe mit Vergnügen, mit Sex in Verbindung gebracht haben, und für die meisten von uns Liebe auch Eifersucht, Ängste, Besitzergreifen und Festhalten bedeutet. Das ist das, was wir Liebe nennen. Ist es Liebe, wenn wir an etwas hängen? Ist Liebe Vergnügen? Ist Liebe Verlangen? Ist Liebe das Gegenteil von Hass? Wenn sie das Gegenteil von Hass ist, dann ist es keine Liebe. Alles was ein Gegenteil hat, enthält dieses Gegenteil. Wenn ich versuche, mutig zu werden, dann wird dieser

Mut aus der Angst geboren. Liebe kann kein Gegenteil haben. Liebe kann nicht sein, wo Eifersucht, Ehrgeiz, Aggressivität herrschen.

Und wo Liebe da ist, entsteht daraus Mitgefühl. Wo dieses Mitgefühl da ist, ist Intelligenz vorhanden – aber es ist nicht die Intelligenz des Eigeninteresses oder die Intelligenz des Denkens oder die Intelligenz einer Menge an Wissen. Mitgefühl hat nichts mit Wissen zu tun.

Nur wenn Mitgefühl da ist, ist auch jene Intelligenz da, die der Menschheit Sicherheit, Stabilität und ein immenses Gefühl der Stärke gibt.

Ohne Einsatz des Willens leben

Meditation ist nicht etwas, das Sie tun. Meditation ist ein Eintauchen in die gesamte Frage unseres Lebens – wie wir leben, wie wir uns verhalten, ob wir Ängste, Kummer und Sorgen haben, ob wir unablässig dem Vergnügen nachgehen und ob wir uns von uns selbst und anderen ein Bild gemacht haben. All das ist Teil unseres Lebens, und wenn wir dieses Leben und die verschiedenen damit verbundenen Probleme und Schwierigkeiten verstehen und tatsächlich frei davon sind, können wir zu untersuchen beginnen, was Meditation ist.

Wir müssen unser Haus vollkommen in Ordnung bringen. Unser Haus ist unser Selbst. Diese Ordnung wird nicht nach einem Vorbild geschaffen, sondern entsteht, wenn vollständig erkannt wird, was Unordnung ist, was Verwirrung ist, warum wir in uns selbst so widersprüchlich sind, warum in uns dieser ständige Kampf der Gegensätze stattfindet. Meditation beginnt bereits dann, wenn die Dinge an ihren angemessenen Platz gebracht werden. Wenn wir das nicht getan haben – nicht theoretisch, sondern tatsächlich, im täglichen Leben, in jedem Augenblick unseres Lebens –, dann wird Meditation zu einer weiteren Illusion, einer weiteren Form des Betens, einer weiteren Form, etwas zu wollen.

Was ist Meditation? Wir müssen die Bedeutung der Sinne verstehen. Die meisten von uns reagieren oder handeln entsprechend den Antrieben, dem Verlangen oder dem Drängen ihrer Sinne. Diese Sinne arbeiten nie als Ganzheit; nie sind alle unsere Sinne gleichzeitig in Funktion und als Einheit tätig. Wenn Sie sich selbst und Ihre Sinne beobachten, werden Sie feststellen, dass immer einer der Sinne vorherrschend ist, eine größere Rolle in Ihrem täglichen Leben spielt. Deshalb sind unsere Sinne immer im Ungleichgewicht.

Was wir jetzt tun, ist Teil der Meditation. Ist es möglich, dass die Sinne als Einheit, als Ganzes tätig sind? Können Sie die Bewegung des Meeres anschauen, das glitzernde, ewig ruhelose Wasser und dieses Wasser vollständig, mit allen Sinnen, wahrnehmen? Können Sie einen Baum betrachten oder anschauen, einen Menschen, einen Vogel im Flug oder eine Wasserfläche, die untergehende Sonne oder den aufsteigenden Mond, und all Ihre Sinne sind voll erwacht? Wenn ja, dann werden Sie entdecken – für sich selbst, nicht durch mich –, dass es kein Zentrum gibt, von dem aus die Sinne wahrnehmen.

Tun Sie das, während wir sprechen? Schauen Sie sich Ihre Freundin oder Ihren Mann, Ihre Frau oder einen Baum mit allen hoch aktiven, aufnahmefähigen Sinnen an? In diesem Schauen gibt es keine Einschränkung. Tun Sie es, und Sie werden es selbst herausfinden. Die meisten von uns nehmen nur mit teilweise aktiven oder nur mit einzelnen Sinnen wahr. Nie bewegen wir uns oder leben wir mit Sinnen, die alle gleichzeitig voll erwacht und erblüht sind.

Den Sinnen ihren richtigen Platz zuzuweisen bedeutet nicht, sie zu unterdrücken, zu kontrollieren oder vor ihnen zu fliehen. Das ist wichtig, denn wenn man sich sehr tief auf Meditation einlassen will, muss man sich der Sinne bewusst sein, sonst erzeugen sie alle möglichen Neurosen, alle möglichen Illusionen; sie beherrschen unsere Gefühle. Wenn die Sinne voll erwacht sind, aufblühen, wird der Körper außerordentlich ruhig. Haben Sie das schon bemerkt? Die meisten von uns zwingen ihren Körper, stillzusitzen, nicht herumzurutschen, sich nicht zu bewegen; aber wenn alle Sinne gesund, normal, vital funktionieren, entspannt sich der Körper und wird sehr, sehr ruhig.

Ist es möglich, das Leben ohne jegliche Form von Kontrolle zu leben – täglich, nicht nur gelegentlich? Das bedeutet nicht, zügellos zu sein, zu tun, was einem beliebt oder Traditionen zurückzuweisen. Bitte denken Sie ernsthaft darüber nach, ob es möglich ist, ein Leben ohne jede Form von Kontrolle zu führen, denn wo kontrolliert wird, wird der Wille eingesetzt. Was ist der Wille? »Das will ich tun.« »Das darf ich nicht tun.« Ist der Wille nicht der Kern des Verlangens? – Bitte schauen Sie sich das an; weisen Sie es nicht zurück, und akzeptieren Sie es nicht. Untersuchen Sie das selbst. – Wir fragen, ob es möglich ist, ein Leben zu führen, in dem es nicht die geringste Spur von Kontrolle, nicht die geringste Spur von einem Einsatz des Willens gibt. Wille ist der Beweggrund des Verlangens. Was ist Verlangen? Aus Wahrnehmen, Kontakt, Spüren entstehen Verlangen und das Denken mit seinen Bildern und Vorstellungen.

Ist ein Leben ohne Einsatz des Willens möglich? Die meisten von uns führen ein Leben der Zurückhaltung, Kontrolle, Unterdrückung, Flucht, aber wer ist der Kontrollierende, wenn Sie sagen: »Ich muss mich kontrollieren – meine Wut, meine Eifersucht, meine Faulheit, meine Trägheit.« Ist der Kontrollierende etwas anderes als das, was er kontrolliert? Oder sind beide dasselbe? Der Kontrollierende ist das Kontrollierte. Der Kontrollierende ist der Wesenskern des Verlangens, und er versucht, seine Aktivitäten, Gedanken und Wünsche zu kontrollieren. Kann man, wenn man all das erkennt, ein Leben führen, das frei von jeglicher Art von Kontrolle ist, ohne zügellos zu sein und ohne einfach zu tun, was einem beliebt? Mit dieser Frage haben sich nur sehr wenige Menschen befasst. Ich bin gegen jedes System, jede Form der Kontrolle, denn sonst ist der Geist nie frei; er unterwirft sich immer einem Verhaltensmuster, ob nun dieses Muster von einem anderen geschaffen wurde oder von einem selbst.

Dann als Nächstes, kann die Zeit ein Ende haben? Bitte erkennen Sie, warum das so wichtig ist. Unser Gehirn ist an die Zeit gewöhnt. Unser Gehirn ist das Produkt einer Jahrhunderte, Jahrtausende, Jahrmillionen währenden Konditionierung. Es hat sich entwickelt, ist gewachsen, hat sich entfaltet, aber es ist ein sehr, sehr altes Gehirn. Da es sich infolge der Zeit entwickelt hat, arbeitet es in der Zeit. Sobald Sie sagen: »Ich werde ...«, ist das in der Zeit. Und wenn Sie sagen: »Ich muss das und das tun«, ist das auch in der Zeit. Alles, was wir tun, spielt sich in der Zeit ab, und unser Gehirn ist nicht nur auf die chronometrische, messbare Zeit, sondern auch auf die psychische, innere Zeit konditioniert. Das Gehirn hat sich über Jahrtausende entwickelt, und schon die Vorstellung, schon die Frage, ob es die [psychische] Zeit beenden kann, wirkt lähmend. Sie ist ein Schock für das Gehirn.

Es gehört zur Meditation, für sich selbst herauszufinden, ob die Zeit aufhören kann. Aber dies geht nicht, indem Sie einfach sagen: »Die Zeit muss aufhören«; das ist sinnlos. Ist es dem Gehirn möglich zu erkennen, dass es keine Zukunft hat? Wir leben entweder in Verzweiflung oder in Hoffnung. Zur [psychischen] Zeit gehört auch die Hoffnung mit ihrer destruktiven Natur: »Es geht mir schlecht, ich bin unglücklich, unsicher; ich hoffe, dass ich glücklich werde.« Oder der Glaube, das Vertrauen – die Erfindung der Priester in aller Welt: »Du leidest, aber glaube nur an Gott, dann wird alles gut.« An etwas zu glauben, beinhaltet Zeit. Können Sie ertragen, dass es psychisch kein Morgen gibt? Es ist Teil der Meditation herauszufinden, dass es psychisch kein Morgen gibt. Die Hoffnung auf etwas, die Vorfreude darauf gehören zur Zeit. Das bedeutet nicht, dass Sie die Hoffnung aufgeben, es bedeutet, dass Sie den Vorgang der Zeit verstehen. Wenn Sie die Hoffnung aufgeben, werden Sie bitter und sagen vielleicht: »Warum soll ich überhaupt leben; welchen Sinn hat dieses Lebens?« Und dann beginnt der ganze Unsinn mit Depressionen, seelischen Qualen, einem Leben ohne Zukunftsperspektive.

Wir fragen, ob Denken in Form von Zeit aufhören kann. Das Denken ist wichtig an seinem richtigen Platz, aber psychisch hat es keinerlei Bedeutung. Denken ist eine Reaktion des Gedächtnisses, es entsteht aus dem Gedächtnis. Und das Gedächtnis besteht aus Erfahrungen, die als Wissen in den Gehirnzellen gespeichert sind.

Sie können Ihr eigenes Gehirn beobachten, dazu müssen Sie kein Experte sein. Die Gehirnzellen speichern Gedächtnisinhalte; das ist ein materieller Vorgang; daran ist nichts Heiliges. Und Denken hat alles erschaffen, was wir gemacht haben: zum Mond fliegen und dort eine alberne Fahne aufstellen; in die Tiefen des Meeres vordringen und dort leben; die ganzen komplizierten Technologien und ihre Maschinen. Das Denken ist für all das verantwortlich. Das Denken ist auch für alle Kriege verantwortlich. Das ist so offensichtlich, dass Sie es gar nicht hinterfragen müssen. Ihr Denken hat die Welt in Großbritannien, Frankreich, Russland und so weiter aufgeteilt. Und das Denken hat das psychische Gebilde des »Ich« erschaffen. Dieses »Ich« ist nichts Heiliges, nichts Göttliches. Es ist einfach nur das Denken, das die Sorgen, die Ängste, die Vergnügungen, die Leiden, die Schmerzen, das Hängen an allem Möglichen und die Angst vor dem Tod erzeugt. Das Denken hat das »Ich« hervorgebracht, das unser Bewusstsein bildet. Das Bewusstsein ist, was es enthält; Ihr Bewusstsein ist, was Sie sind: Ihre Sorgen, Ihre Ängste, Ihre Bemühungen und Kämpfe, Ihre Stimmungen, Ihre Verzweiflung, Ihre Vergnügungen und so weiter. Das ist sehr einfach. Und all das ist ein Produkt der Zeit. Gestern wurde ich seelisch verletzt, Sie haben etwas Gemeines zu mir gesagt, und das hat mich verletzt und ist Teil meines Bewusstseins geworden. Unser Bewusstsein ist also ein Produkt der Zeit. Wenn wir fragen, ob die Zeit enden kann, beinhaltet dies das vollständige Entleeren dieses Bewusstseins von seinem Inhalt. Dieses Bewusstsein muss leer, es muss frei von seinen Inhalten werden. Ob Sie dazu in der Lage sind oder nicht, ist eine andere Sache, aber das beinhaltet es.

Wir untersuchen die Zeit und die nicht veränderbaren Schichten des Bewusstseins – Sinnesempfindungen, Verlangen, seine ganze Struktur –, um zu sehen, ob dieses Bewusstsein, das ein Produkt der Zeit ist, sich selbst vollständig entleeren kann, so dass psychische Zeit endet. Sie kennen doch Ihr Bewusstsein, oder etwa nicht? Sie wissen, was Sie sind, wenn Sie sich ausreichend damit befasst haben. Wenn dem so ist, dann sehen Sie, dass die ganze Mühsal, die ganzen Anstrengungen, Ihr ganzes Leid, Ihre Unsicherheiten Teil von Ihnen, Teil Ihres Bewusstseins sind. Ihre Ambitionen, Ihre Gier, Ihre Aggressivität, Ihre Wut, Ihre Verbitterung sind alle Teil dieses Bewusstseins, das aus einer Ansammlung von tausend »Gestern« bis zum heutigen Tag besteht. Und wir fragen, ob dieses Bewusstsein, das psychisch wie auch physisch ein Produkt der Zeit ist, sich selbst entleeren kann, so dass die Zeit endet.

Wir werden herausfinden, ob das möglich ist. Wenn Sie sagen, dass es unmöglich ist, haben Sie die Tür zugemacht. Und wenn Sie sagen, dass es möglich ist, haben Sie ebenfalls die Tür zugemacht. Doch wenn Sie sagen: »Lasst es uns herausfinden«, dann sind Sie offen dafür, dann sind Sie daran interessiert, es herauszufinden.

Und wenn Sie ernsthaft genug sind, um sich damit zu befassen, dann lautet die Frage jetzt, ob es möglich ist, den gesamten Inhalt unseres Selbst, den Inhalt des Bewusstseins zu entleeren, dieses Bewusstsein, das durch die Zeit aufgebaut wurde. Ist es nicht möglich, einen der Inhalte Ihres Bewusstseins, Ihre Verletzungen, Ihre seelischen Wunden, zu beenden? Die meisten von uns wurden von Kindheit an seelisch verletzt. Das ist Teil unseres Bewusstseins. Können Sie diese Verletzung vollständig beenden, sie völlig auslöschen, ohne die geringste Spur zu hinterlassen? Können Sie das? Wenn

Sie der Wunde ihre Aufmerksamkeit widmen, dann wissen Sie, was sie verursacht hat. Das Bild, das Sie von sich selbst haben, wurde verletzt. Sie können dieses verletzte Bild beenden, wenn Sie dem wirklich auf den Grund gehen. Oder können Sie, wenn Sie an jemand oder etwas hängen – an Ihrer Frau oder Ihrem Mann, an einem Glauben, einem Land, an einer Sekte, einer Gruppe von Menschen oder an Jesus –, können Sie das nicht vollkommen logisch, vernünftig und rational beenden? Denn, schauen Sie, an etwas zu hängen beinhaltet auch Eifersucht, Sorgen, Angst und Schmerz, und da Sie Schmerz spüren, halten sie sich mehr und mehr an etwas fest. Im Erkennen der Natur des Festhaltens erblüht die Intelligenz. Diese Intelligenz sieht, wie dumm es ist, an etwas zu hängen, und es ist vorbei.

Also befassen Sie sich damit. Sie haben eine bestimmte psychische Angewohnheit, sagen wir, Sie denken immer in eine bestimmte Richtung. Das ist Teil Ihres Bewusstseins. Kann das Denken aus diesem eingefahrenen Gleis, aus diesem Trott herauskommen? Natürlich kann es das. Es ist möglich, den Inhalt völlig zu entleeren. Doch wenn Sie das Schritt für Schritt machen – erst Ihr Festhalten, dann Ihre Verletzungen, danach Ihre Ängste und so weiter –, braucht das unendlich viel Zeit. Also sind wir wieder in der Zeit gefangen. Ist es möglich, den Inhalt sofort zu entleeren, ohne dass Zeit ins Spiel kommt, als Ganzes, nicht stückchenweise? Wenn Sie es Stück für Stück tun, sind Sie immer noch in der Zeit verstrickt. Wenn Sie wirklich erkennen, dass dies wahr ist, werden Sie es natürlich nicht nur zum Teil tun.

Das Bewusstsein ist nicht mein Bewusstsein, es ist nicht mein spezielles, persönliches Bewusstsein, es ist das allgemeine [menschliche] Bewusstsein. Mein Bewusstsein ist so wie Ihr Bewusstsein oder wie das von irgendjemand anderem: Wir leiden beide, wir beide machen Qualen durch. Vielleicht gibt es einige Menschen, die aufgeblüht sind, die herausgetreten und darüber hinausgegangen sind, aber das ist unwesentlich.

Ist es möglich, die Sache als Ganzes, in ihrer Gesamtheit zu sehen und im Wahrnehmen der Gesamtheit auch ihr Ende? Ist es möglich, die eigene Verletzung, die eigene Angst oder Schuld in vollem Umfang zu betrachten? Angenommen, ich fühle mich schuldig. Kann ich dieses Schuldgefühl anschauen, kann ich sehen, wie es entstand, welche Ursache es hat; kann ich sehen, wie ich mich vor weiteren Schuldgefühlen fürchte, kann ich die gesamte innere Struktur der Schuld sehen und als Ganzes betrachten? Natürlich kann ich das, aber ich kann es nur dann als Ganzes betrachten, wenn ich mir der Natur des Verletztseins bewusst bin. Ich kann mir dessen bewusst sein, wenn dieses Gewahrsein keine Richtung oder Motiv enthält.

Ich möchte noch weiter darauf eingehen. Angenommen, ich hänge an etwas oder jemandem. Kann ich nicht wahrnehmen, welche Konsequenzen es hat, wenn man an etwas hängt, was alles mitspielt, wie das entstanden ist? Kann ich nicht die ganze Beschaffenheit der Sache unmittelbar wahrnehmen? Ich hänge an jemandem oder etwas, weil ich einsam bin, weil ich Trost suche. Ich möchte mich auf jemanden verlassen können, weil ich nicht auf eigenen Füßen stehen kann. Ich brauche Gesellschaft, ich brauche jemanden, der mir sagt: »Das machst du sehr gut, alter Junge.« Ich brauche jemanden, der meine Hand hält, denn ich bin deprimiert und ängstlich. Also bin ich von jemandem abhängig. Aus dieser Abhängigkeit entsteht Festhalten, und aus diesem Festhalten entstehen Befürchtungen, Eifersucht, Angst. Kann ich diesen ganzen Zusammenhang nicht unmittelbar sehen? Natürlich kann ich das, wenn ich wach und aufmerksam bin, wenn ich ein tiefes Interesse daran habe, es herauszufinden.

Wir sagen, dass es möglich ist, das gesamte Wesen, die gesamte Natur, Struktur und Bewegung des Bewusstseins mit all seinen Inhalten auf einmal zu sehen anstatt stückchenweise. Der Inhalt macht das Bewusstsein aus, und das in vollem Umfang zu sehen ist möglich. Und wenn Sie den Inhalt in seiner Gesamtheit sehen, löst er sich auf.

Einen vollständigen Einblick in die gesamte Beschaffenheit des Bewusstseins zu haben bedeutet, dass kein Motiv, keine Erinnerung da ist, sondern nur die Beschaffenheit des Bewusstseins schlagartig wahrgenommen wird. Und allein schon dieser Einblick löst das Problem auf.

Unser gesamter technologischer Fortschritt beruht darauf, dass Dinge messbar sind. Könnten wir nicht messen, wäre kein technologischer Fortschritt möglich. Wissen ist eine Bewegung im Messen. Ich weiß, ich werde wissen. Das ist alles Messen und dieses Messen und Bewerten hat sich auf den psychischen Bereich ausgedehnt. Wenn Sie sich selbst ansehen, können Sie sehr leicht erkennen, wie es funktioniert. Wir sind ständig dabei, innerlich, psychisch zu vergleichen. Können Sie dieses Vergleichen beenden – was auch das Ende der Zeit ist? Messen heißt, sich mit jemand zu messen, zu vergleichen und sich zu wünschen, so zu sein wie dieser Mensch oder nicht so zu sein wie er. Der bejahende und der verneinende Vorgang des Vergleichens sind [beide] Teil des Messens.

Ist es möglich, im Alltag ohne jede Form von Vergleichen auszukommen? Sie vergleichen zwei Materialien, vergleichen die Farbe eines Stoffes mit der eines anderen. Aber können Sie psychisch, innerlich, völlig frei sein vom Vergleichen, das heißt völlig frei vom Messen? Messen ist ein Vorgang des Denkens. Kann also das Denken ein Ende nehmen? Schauen Sie, die meisten von uns versuchen das Denken anzuhalten, aber das ist unmöglich. Vielleicht können Sie für eine Sekunde sagen: »Ich habe aufgehört zu denken«, aber das ist mit Gewalt erzwungen; es ist, als würden Sie sagen: »Ich habe eine Sekunde gemessen, in der ich nicht gedacht habe.« Alle, die diesem Problem auf den Grund gegangen sind, haben sich gefragt, ob das Denken ein Ende haben kann. Denken entsteht aus dem Bekannten. Wissen ist das Bekannte, das die Vergangenheit ist. Kann dieses Denken enden? Ist Freiheit vom Bekannten möglich? Wir sind immer auf der Basis des Bekannten tätig und sind so außerordentlich fähig geworden, ahmen nach und vergleichen. Wir streben ununterbrochen danach, etwas zu sein. Kann also das Denken enden?

Wir haben über Messen, Kontrolle, die Bedeutung der Sinne und ihren angemessenen Platz gesprochen. All das ist Teil der Meditation.

Kann das Gehirn, das Millionen Jahre alt ist, das so stark konditioniert ist, so voll von all dem, was der Mensch über Jahrtausende hinweg angesammelt hat, das Gehirn, das die ganze Zeit mechanisch handelt, kann dieses Gehirn frei vom Bekannten sein, und ist es möglich, dass es physisch niemals altert? Fragen Sie sich nicht manchmal, ob es möglich ist. dass dieses Gehirn seine Last los wird und frei ist und nie verfällt? Das bedeutet, niemals psychisch, innerlich, etwas aufzuzeichnen, niemals Schmeicheleien, Beleidigungen, Zumutungen, Zwänge aufzuzeichnen, sondern das Magnetband völlig neu, unbespielt zu lassen. Dann ist das Gehirn jung.

Unschuld verweist auf ein Gehirn, das nie verletzt wurde. Unschuld kennt kein Elend, keine Konflikte, kein Leid und keinen Schmerz. Wenn all diese Dinge im Gehirn gespeichert werden, ist es immer begrenzt und alt, wie es auch physisch altert. Wenn jedoch kein wie auch immer geartetes psychisches Aufzeichnen stattfindet, dann wird das Gehirn außerordentlich ruhig und außerordentlich jung und frisch. Das ist keine Hoffnung und keine Belohnung. Entweder Sie tun es und entdecken es, oder Sie akzeptieren einfach Worte und sagen sich: »Wie wunderbar das sein muss; ich wünschte, ich könnte diese Erfahrung machen.«

Aufgrund von Einsicht verändern sich die Gehirnzellen. Sie halten nicht länger an Erinnerungen fest. Das Gehirn ist nicht mehr der Aufbewahrungsort für eine riesige Sammlung von Antiquitäten.

Dann müssen wir auch die Frage stellen: Gibt es irgendetwas Heiliges im Leben? Gibt es irgendetwas, das heilig, das unberührt vom Denken ist? Wir haben alles, was wir heilig nennen, als Symbole in die Kirchen gebracht – die Jungfrau Maria, Christus am Kreuz. In Indien und in den buddhistischen Länder haben sie ihre eigenen Bilder, und die sind zu etwas Heiligem geworden, der Name, die Statue, das Bild, das Symbol. Aber gibt es irgendetwas Heiliges im Leben? Ein Heiliges, das unsterblich ist, zeitlos, von Ewigkeit zu Ewigkeit besteht, was keinen Anfang und kein Ende hat. Sie können es nicht ausfindig machen, niemand kann das – vielleicht kommt es zum Vorschein, wenn Sie all die Dinge verworfen haben, die das Denken zu etwas Heiligem gemacht hat. Wenn die Kirchen mit ihren Bildern, ihrer Musik, ihren Glaubensvorstellungen, ihren Ritualen und Dogmen durchschaut und völlig verworfen wurden, wenn es keinen Priester, keinen Guru und keinen Anhänger mehr gibt, dann kommt vielleicht in dieser ungeheuren Stille etwas hervor, das unberührt vom Denken ist, denn diese Stille wurde nicht vom Denken geschaffen.

Man muss sich mit der ganzen Natur der Stille befassen. Es gibt Stille zwischen zwei Geräuschen. Es gibt Stille zwischen zwei Gedanken. Es gibt Stille zwischen zwei Noten in der Musik. Es gibt Stille nach Lärm. Es gibt Stille, wenn das Denken sagt: »Ich muss still sein«, und eine künstliche Stille erzeugt und glaubt, dies sei wirkliche Stille. Es gibt Stille, wenn Sie stillsitzen und Ihren Geist zwingen, still zu sein. Aber all das sind Formen künstlicher Stille. Sie sind keine wirkliche, tiefe, nicht kultivierte, ungeplante Stille. Stille kann im Inneren, in der Psyche nur eintreten, wenn keinerlei Aufzeichnen stattfindet. Dann ist der Geist, das heißt das Gehirn selbst, völlig ohne Bewegung. In dieser enormen Tiefe der Stille, die nicht erzeugt, nicht kultiviert, nicht eingeübt wurde, kann sich vielleicht jenes außerordentliche Empfinden von etwas Unermesslichem, Namenlosem einstellen.

Die gesamte Bewegung vom Anfang bis zum Ende dieser Rede ist Teil der Meditation.

Harmonie zwischen dem Bekannten und dem Unbekannten

Wie kann der Geist wissen, ob er das gefunden hat, was er das Höchste, das Unermessliche, das Namenlose, das Erhabenste nennt? Da er unmöglich das erkennen kann, was grenzenlos, was unbekannt ist, das, was unmöglich erfahren werden kann, kann er nichts anderes tun, als sich von allen Arten des Schmerzes, der Beunruhigung, der Angst sowie des Verlangens, das letztendlich nur Illusionen erzeugt, zu befreien.

Das »Ich« mit all seinen Bildern ist das Zentrum, das alle Beziehungen trennt und daher Konflikte verursacht. Wenn der Geist keine richtige Beziehung zu anderen zustande gebracht hat, ist das Erforschen oder die Suche nach der Wirklichkeit allein ganz und gar sinnlos, denn Leben ist Beziehung. Leben ist Tätigsein in Beziehung, und wenn das nicht von Grund auf, vollständig verstanden und zur Gewissheit wurde, kommen Sie nicht sehr weit. Ohne das wird jede Suche zu einer Flucht vor der Realität der Beziehungen. Solange der Geist nicht tief in einem Verhalten gründet, das rechtschaffen ist, und in einer Ordnung, die Tugend ist, macht die Suche nach dem Wirklichen oder dessen Erforschen keinen Sinn, denn ein Geist, der nicht frei von Konflikten ist, kann sich nur in das flüchten, was er für das Wirkliche hält.

Wie kann der Geist – der so konditioniert ist, der durch die Umgebung, durch die Kultur, in die wir hineingeboren werden, geprägt wurde – das finden, was nicht konditioniert ist? Wie kann ein Geist, der ständig in sich selbst Konflikte hat, das finden, was noch niemals einen Konflikt hatte? Wenn wir [in dieser Verfassung] untersuchen, ist die Suche völlig sinnlos. Sinnvoll ist allein die Frage, ob der Geist frei sein kann, frei von Angst, frei von all seinen kleinlichen, egoistischen Kämpfen, frei von Gewalttätigkeit und so weiter. Kann der Geist – Ihr Geist – frei davon sein? Das ist die eigentliche Frage. Nur wenn der Geist wirklich frei ist, ist er in der Lage, ohne jegliche Selbsttäuschung zu fragen, ob es etwas absolut Wahres, Zeitloses, Unermessliches gibt oder nicht.

Sie wissen, dass es wirklich wichtig ist, das selbst herauszufinden, denn Sie müssen sich selbst ein Licht sein. Sie können unmöglich das Licht eines anderen nehmen oder durch einen anderen erleuchtet werden. Sie müssen das Gesamtgeschehen des Lebens selbst erkennen, dieses Leben mit all seiner Hässlichkeit und

Schönheit, mit seinen Vergnügungen, seinem Elend und seiner Verwirrung, und aus diesem Strom heraustreten. Wenn Sie das getan haben, und ich hoffe, das haben Sie, dann stellt sich die Frage, was ist Religion? Alle organisierten Religionen sind etwas vom Denken Geschaffenes, das um eine Person oder aus einer Vorstellung oder Schlussfolgerung eine Legende gebildet oder ein Gedankengebäude errichtet hat. Aber das hat nicht das Geringste mit Religion zu tun. Religion ist ein Leben, das in seiner Vollständigkeit, Ganzheit gelebt wird, als etwas, das nicht in Bruchstücke zerfällt. Bei den meisten ist der Geist fragmentiert, zerfällt er in einzelne Teile, und was fragmentiert ist, ist verdorben.

Wie ist also ein Geist, das heißt ein Gehirn beschaffen, das in der Welt im Gebiet des Wissens tätig sein und auch in der Freiheit vom Bekannten leben kann? Diese beiden Dinge müssen in Harmonie miteinander sein. Untersucht man das tiefer, fragt man sich: Was ist Meditation? Lassen Sie uns selbst herausfinden, ob sie überhaupt irgendeine Bedeutung hat. Dazu müssen Sie zunächst einmal alles verwerfen, was irgendjemand jemals über Meditation gesagt hat. Können Sie das? Oder sind Sie in einem Netz, einer Falle aus Vorstellungen gefangen, die andere Leute von der Meditation haben? Wenn Sie darin gefangen sind, dient sie Ihnen nur zur Unterhaltung, oder Sie versuchen bloß, durch irgendeine Meditationsübung das Licht eines anderen zu finden. Wenn Sie etwas üben oder praktizieren, bringen Sie Ihren Geist dazu, sich an ein Muster anzupassen, das jemand anderes festgelegt hat. Folgen Sie niemandem – auch nicht dem Redner. Akzeptieren Sie nicht, was jemand anderes sagt, denn Sie müssen sich selbst ein Licht sein. Sie müssen völlig allein dastehen können, und um dazu fähig zu sein, müssen Sie frei von den Dingen der Welt sein, das heißt frei vom »Ich«, vom Ego mit all seinen Aggressionen, Eitelkeiten, Dummheiten und seinen Ambitionen – denn Sie sind, was die Welt ist, und die Welt ist, was Sie sind.

Was also ist Meditation? Wie finden Sie das heraus? Es ist offensichtlich, dass der Geist still sein muss, um etwas ganz, ganz klar zu sehen. Wenn ich dem zuhören möchte, was gesagt wird, muss ich dem Aufmerksamkeit schenken, und das Wesen dieser Aufmerksamkeit ist Stille. Um nicht nur die Bedeutung der Worte zu erfassen, sondern das, was darüber hinausgeht, muss ich sehr, sehr sorgfältig zuhören. In diesem Zuhören interpretiere ich nicht, was Sie sagen, ich urteile nicht, ich bewerte nicht. Ich höre wirklich das Wort und das, was sich hinter dem Wort befindet, da ich weiß, dass das Wort nicht die Sache selbst ist, dass die Beschreibung nicht das Beschriebene ist. Daher höre ich Ihnen mit vollkommener Aufmerksamkeit zu. In dieser Aufmerksamkeit gibt es kein »Ich« als Zuhörer, kein »Ich«, das sich von Ihnen, dem Sprechenden, abspaltet, kein »Ich«, welches das »Ich« vom »Du« trennt. Also muss der Geist, der fähig ist, dem Gesagten in vollem Umfang zuzuhören und hinter die Worte zu schauen, seine ganze Aufmerksamkeit darauf richten. Sie tun das, wenn Sie einen Baum mit Ihrer ganzen Aufmerksamkeit ansehen oder wenn Sie Musik hören oder wenn Sie jemandem zuhören, der Ihnen etwas sehr Wichtiges, Ernstes mitteilt. Dieser Zustand der Aufmerksamkeit, in dem das »Ich« nicht mehr vorhanden ist, ist Meditation. Denn in diesem Zustand gibt es keine Blickrichtung und keine Grenzen, die vom Denken um die Aufmerksamkeit herum errichtet wurden.

Aufmerksamkeit bedarf eines Geistes, der nicht den Wunsch hat, etwas zu erwerben, etwas zustande zu bringen, etwas zu erreichen oder etwas zu sein. Andernfalls entstehen Konflikte. Aufmerksamkeit ist also die völlige Abwesenheit jeglicher Konflikte, ein Zustand des Geistes, in dem die Ausrichtung auf ein Ziel und der Wille keinen Platz haben. Und das geschieht, wenn ich Ihnen zuhöre, wenn ich dem Gesang eines Vogels zuhöre oder die wunderbaren Berge anschaue.

In diesem Zustand der Aufmerksamkeit kommt es also zu keinem Aufspalten in den Beobachter und das Beobachtete. Wenn diese Trennung besteht, dann gibt es Konflikte.

Aber das ist nur der Anfang der Meditation. Und wenn es dem Geist mit seinem Untersuchen wirklich Ernst ist, ist diese Meditation notwendig, denn dann wird unser Leben, das seinen ganzen Sinn verloren hatte, wieder sinnvoll. Das Leben wird eine Bewegung, eine Harmonie zwischen dem Bekannten und dem Unbekannten.

Meditation ist ein Alltagsleben, in dem keinerlei Kontrolle stattfindet. Unser Leben wird aufgezehrt durch die ungeheure Energie, die beim Kontrollieren vergeudet wird. Wir verbringen unsere Tage mit Kontrollieren: »Ich muss« und »Ich darf nicht«, »Ich sollte« und »Ich sollte nicht«. Wir unterdrücken, werden offener, halten fest, ziehen uns zurück, hängen an etwas und lösen uns davon; wir setzen den Willen ein, um etwas zu erreichen, um zu kämpfen, um etwas aufzubauen – darin ist immer ein Dirigieren enthalten, und wo dirigiert wird, muss es auch Kontrolle geben.

Wir verbringen unsere Tage mit Kontrollieren und wissen nicht, wie ein Leben frei von jeglicher Kontrolle geführt werden kann. Es erfordert intensives Untersuchen und große Ernsthaftigkeit, um eine Lebensweise zu finden, in der es nicht die geringste Spur einer Kontrolle gibt.

Warum kontrollieren wir überhaupt, und wenn wir kontrollieren, wer ist der Kontrollierende? Und was kontrolliert er, das heißt, was hält er zurück, was steuert er, formt er, passt er an, ahmt er nach? Man kann in sich selbst die widersprüchlichen Wünsche beobachten: wollen und nicht wollen, das eine tun und das andere nicht tun – die Gegensätze der Dualität. Aber gibt es überhaupt Dualität, das Gegenteil? Ich spreche nicht von den Gegensätzen zwischen Mann und Frau, hell und dunkel. Gibt es im Inneren, psychisch überhaupt Gegenteile oder nur das, »was ist«? Das Gegenteil existiert nur, wenn ich nicht weiß, was ich mit dem, »was ist«, machen soll. Wenn ich weiß, was ich mit dem, »was ist«, mache, wenn der Geist fähig ist, mit dem, »was ist«, umzugehen und darüber hinauszugehen, wird das Gegenteil nicht benötigt. Das heißt, wenn Sie gewalttätig sind, wie die meisten Menschen, dann ist es völlig sinnlos, das Gegenteil, also Gewaltlosigkeit, einzuüben, denn das Üben erstreckt sich über einen Zeitraum, und in diesem Zeitraum sind Sie gewalttätig. Sinnvoll ist nur, darauf bedacht zu sein, über die Gewalttätigkeit hinauszugehen, also nicht ihr

Gegenteil anzustreben, sondern frei davon zu sein. Ich interpretiere das Neue immer aus dem Blickwinkel des Alten, und deshalb begegne ich dem Neuen nie mit einem frischen Geist. Ich interpretiere die neue Reaktion, das neue Gefühl, das ich habe, als Gewalttätigkeit, weil ich es mit den Vorstellungen, Schlussfolgerungen, Worten und Bedeutungen der Vergangenheit betrachte. So erzeugt die Vergangenheit das Gegenteil von dem, »was ist«. Doch wenn der Geist das, »was ist«, beobachten kann, ohne es zu benennen, ohne es einzuordnen, ohne es in ein [gedankliches] Bezugssystem zu bringen, oder wenn er keine Energie daran verschwendet, um vor dem, »was ist«, zu fliehen, wenn der Geist es ohne den Beobachter, der die Vergangenheit ist, anschauen kann, wenn er es ohne die Augen der Vergangenheit ansehen kann, dann sind Sie völlig frei davon. Tun Sie es, und Sie werden sehen.

Haben Sie bei sich selbst bemerkt, dass es immer den Beobachter und das Beobachtete gibt? Da sind Sie, der die Sache anschaut, somit besteht eine Trennung zwischen Ihnen und dem, was Sie betrachten. Sie betrachten einen Baum, und der Betrachter, die Vergangenheit, sagt: »Das ist eine Eiche.« Wenn er sagt: »Das ist eine Eiche«, ist dieses Wissen die Vergangenheit, und diese Vergangenheit ist der Beobachter. Der Beobachter ist also etwas anderes als der Baum. Es ist klar, dass das so ist. Aber wenn wir uns mit psychischen Tatsachen befassen, ist da der Beobachter etwas anderes als das, was er beobachtet? Wenn ich sage: »Ich bin gewalttätig«, ist dann der Beobachter, der Sehende, der sagt: »Ich bin gewalttätig«, etwas anderes als das, was er als gewalttätig bezeichnet? Offensichtlich nicht. Wenn er sich als Beobachter von der Tatsache abtrennt, erzeugt er eine Dualität, einen Konflikt und versucht, diesem Konflikt mit Hilfe verschiedener Mittel zu entfliehen. Der Beobachter ist also nicht fähig, dieser Tatsache der Gewalttätigkeit zu begegnen. Arbeiten Sie daran, diesen Vorgang der Trennung in den Beobachter und das Beobachtete zu verstehen, denn er erzeugt Konflikt und verhindert daher die direkte Beziehung zu anderen.

In der Meditation ist das Leben eine Gesamtbewegung, es ist nicht fragmentiert, es zerfällt nicht in »Ich« und »Du«. In ihr gibt es kein Ich, das Erfahrungen macht. Können Sie sehen, dass der Geist unfähig ist, etwas zu erfahren, was er nicht kennt? Der Geist kann das Unermessliche unmöglich erfahren. Sie können diesem Wort eine Bedeutung geben und sagen: »Ich werde diesen Zustand der Unermesslichkeit erfahren«, das höhere Bewusstsein und was sonst noch alles, aber wer ist der Erfahrende? Der Erfahrende ist die Vergangenheit, und er kann eine Erfahrung nur aus dem Blickwinkel der Vergangenheit wiedererkennen, er muss sie also bereits kennen. Deshalb gibt es in der Meditation kein Erfahren. Ach, wenn Sie das tun, werden Sie zum höchsten Himmel aufsteigen.

Sie müssen nicht nur die ganze Bewegung des täglichen Lebens verstehen, was Teil der Meditation ist, und in ihr keinerlei Kontrolle ausüben, so dass es keinen Konflikt gibt, kein Dirigieren, sondern Sie müssen auch ein Leben führen, das ungeheuer energiegeladen, aktiv, real und kreativ ist. In der Meditation wird der Geist völlig ruhig und still. In der Stille ist Raum – und der [menschliche] Geist hat keinen Raum. Er ist zu überfüllt mit dem Wissen, das wir erworben haben, und ist ewig mit sich selbst beschäftigt – was er tun muss, was er nicht tun darf, was er erreichen muss, was er sich aneignen muss, was andere über ihn denken. Er ist voll vom Wissen anderer Leute, voller Schlussfolgerungen, Ideen, Vorstellungen und Meinungen. Daher haben wir sehr wenig Raum in unserem Geist. Und eine der Ursachen für Gewalt ist der Mangel an Raum. Wir haben sehr wenig Raum in unserem Innern, aber man braucht Raum. Es ist Teil der Meditation, auf den Raum zu stoßen, den das Denken nicht erfunden hat, denn wenn Sie Raum haben, kann der Geist in vollem Umfang tätig sein. Ein Gehirn, in dem vollkommene Ordnung herrscht – absolute Ordnung, keine relative Ordnung –, hat keinen Konflikt und kann sich deshalb in diesem Raum bewegen.

Stille ist wirklich eine absolute Form der höchsten Ordnung. Stille ist also nicht etwas, das Sie fertig bringen, das Sie zu praktizieren versuchen oder dessen Sie sich bewusst zu werden versuchen. In dem Augenblick, in dem Sie sich bewusst sind, dass Sie still sind, ist es keine Stille. Stille ist die höchste mathematische Ordnung, und in dieser Stille werden die anderen Teile des Gehirns, die nicht beschäftigt, nicht aktiv waren, vollständig aktiv. Das Gehirn, das konfliktfrei ist, hat viel Raum, keinen vom Denken geschaffenen Raum, sondern ein wirkliches Gefühl von Raum, und dieser Raum ist grenzenlos. Darin hat das Denken keinen Platz.

Während wir dies hier beschreiben, setzen wir das Denken ein, wir benutzen die Wörter, die der Verstand gebraucht, um sich mitteilen zu können, aber die Beschreibung ist nicht das Beschriebene.

Der Geist mit seinem Gehirn wird also vollkommen still und ist daher von höchster Ordnung. Und wo Ordnung herrscht, ist ungeheurer Raum vorhanden.

Was sich aber in diesem Raum befindet, kann Ihnen niemand sagen, denn es entzieht sich jeder Beschreibung. Jeder – ganz gleich, wer es ist –, der diesen Raum beschreibt oder ihn durch das Wiederholen von Wörtern und ähnlichen Unsinn zu erreichen versucht, entweiht etwas Heiliges.

Das ist Meditation. Und die ist Teil unseres täglichen Lebens. Sie ist nichts, was Sie nur gelegentlich tun; sie ist die ganze Zeit da und bringt Ordnung in alles, was sie macht. Darin ist große Schönheit enthalten. Nicht die Schönheit der Berge, der Bäume, nicht die Schönheit der Gemälde im Museum oder der Musik, denn es ist diese Sache selbst, die Schönheit ist und daher Liebe.

Ein heiliges Leben

Wo das Selbst aktiv ist, ist Meditation nicht möglich. Es ist sehr wichtig, dass das nicht nur verbal, sondern wirklich verstanden wird. Meditation ist ein Prozess, bei dem der Geist von sämtlichen Aktivitäten des Selbst, des »Ich«, entleert wird. Wenn Sie die Aktivität des Selbst nicht erkennen und verstehen, führt Ihre Meditation nur zu Illusionen, Selbsttäuschungen und zu weiteren Verfälschungen. Um also zu verstehen, was Meditation ist, müssen Sie die Aktivität des Selbst verstehen.

Das Selbst hat Tausende von weltlichen, sinnlichen oder intellektuellen Erfahrungen gemacht, aber es ist davon gelangweilt, weil sie bedeutungslos sind. Das Verlangen nach weiter reichenden, umfassenderen, transzendentalen Erfahrungen ist Teil des »Ich«, des Selbst. Wenn Sie solche Erfahrungen machen oder Visionen haben, müssen Sie in der Lage sein, diese Erfahrungen oder Visionen wiederzuerkennen, doch wenn Sie diese wiedererkennen können, sind sie nicht neu, es sind Projektionen Ihres geistigen Hintergrundes, Ihrer Konditionierung, an denen der Geist sich erfreut, als seien sie etwas Neues. Bitte stimmen Sie nicht einfach zu, sondern sehen Sie die Wahrheit des Gesagten, dann ist es Ihre.

Einer der Ansprüche, Antriebe, Wünsche des Geistes, des Selbst, besteht darin, das, »was ist«, in das, »was sein sollte«, zu ändern. Er weiß nicht, was er mit dem, »was ist«, machen soll, weil er für das, »was ist«, keine Lösung hat. Deshalb entwickelt er eine Vorstellung von dem, »was sein sollte«, vom Ideal. Diese Projektion ist die Antithese, das Gegenteil von dem, »was ist«, und deshalb gibt es einen Konflikt zwischen dem, »was ist«, und dem, »was sein sollte«. Genau dieser Konflikt ist die Lebensquelle des Selbst.

Eine weitere Aktivität des Selbst ist der Wille – der Wille, etwas zu werden, der Wille, etwas zu verändern. Wille ist eine Form von Widerstand, die uns von frühester Jugend an beigebracht wurde. Der Wille ist außerordentlich wichtig für uns geworden, in der Wirtschaft, in der Gesellschaft und in der Religion. Wille ist eine Form von Ehrgeiz und aus dem Willen entsteht der Wunsch zu kontrollieren – einen Gedanken durch einen anderen, eine Aktivität des Denkens durch eine andere zu kontrollieren.

»Ich muss mein Verlangen kontrollieren« – dieses »Ich« hat das Denken zusammengefügt und dieses »Ich« mit seinen Erinnerungen und Erfahrungen macht diese Aussage. Dieser [Ich-]Gedanke will einen anderen Gedanken kontrollieren, formen oder unterbinden.

Eine der Aktivitäten des Selbst besteht darin, sich als »Ich«, als Beobachter abzutrennen. Der Beobachter ist die Vergangenheit, das ganze angesammelte Wissen, die ganzen Erfahrungen und Erinnerungen. Daher trennt sich das »Ich« als Beobachter vom »Du«, dem Beobachteten. »Wir« und »sie«, die anderen. Wir, die Deutschen, die Kommunisten, die Katholiken, die Hindus und sie, die Heiden und so weiter und so fort. Solange die Aktivitäten des Selbst existieren, solange das »Ich« als Beobachter, als Kontrollierender, als Wille existiert, solange das Selbst Erfahrungen wünscht und verlangt, solange wird Meditation ein Mittel zur Selbsthypnose sein, eine Flucht vor dem täglichen Leben, eine Flucht vor dem ganzen Elend und den ganzen Problemen. Solange diese Aktivitäten vorhanden sind, ist Selbsttäuschung unvermeidlich. Bitte sehen Sie die Wirklichkeit, erfassen Sie nicht nur die Worte, sondern die Tatsache, dass jemand, der herausfinden will, was Meditation ist, der erkennen will, was vor sich geht, alle Aktivitäten des Selbst verstehen muss.

Meditation ist das Entleeren des Geistes von allen Aktivitäten des Selbst. Aber Sie können den Geist nicht durch irgendeine Vorgehensweise oder Methode von den Aktivitäten des Selbst entleeren und auch nicht durch die Bitte an jemand anderen: »Sag mir, was ich tun soll. Deshalb müssen Sie, wenn Sie wirklich an Meditation interessiert sind, ihre eigenen Aktivitäten als Selbst allein entdecken – die Gewohnheiten, die Ausdrucksweisen, die Gesten, die Selbsttäuschungen, die Schuldgefühle, die Sie pflegen und an denen Sie festhalten, als wären sie etwas Kostbares, anstatt sie zu verwerfen, die Bestrafungen – die ganzen Aktivitäten des Selbst. Und dazu ist Gewahrsein erforderlich. Was bedeutet es, gewahr zu sein? Gewahrsein umfasst ein Beobachten, in dem es zu keinem wie auch immer gearteten Auswählen kommt, einfach beobachten, ohne zu interpretieren, umzuformen oder zu verfälschen. Und das wird nicht stattfinden, solange es einen Beobachter gibt, der versucht, gewahr zu sein. Können Sie so gewahr oder so aufmerksam sein, dass in dieser Aufmerksamkeit nur Beobachten stattfindet und es keinen Beobachter gibt?

Nun hören Sie genau zu. Sie haben folgende Aussage gehört: Gewahrsein ist ein geistiger Zustand, in dem der Beobachter mit seinem Auswählen nicht da ist. Sie hören diese Aussage. Und dann wollen Sie das sofort in die Praxis, in die Tat umsetzen. Sie fragen: »Was muss ich tun? Wie kann ich ohne den Beobachter gewahr sein?« Sie wollen sofort aktiv werden – und das bedeutet, dass Sie dem Gesagten nicht wirklich zugehört haben. Sie sind mehr daran interessiert, das Gesagte in die Tat umzusetzen, als dem zuzuhören. Es ist, als würden Sie eine Blume betrachten und an ihr riechen. Die Blume ist da, ihre Schönheit, ihre Farbe, ihre Anmut. Sie schauen sie an, brechen sie ab und fangen an, sie zu zerpflücken. Das Gleiche tun Sie, wenn Sie die Aussage hören, dass es im Gewahrsein, in der Aufmerksamkeit keinen Beobachter gibt und Sie das Problem mit dem Auswählen, mit Konflikten bekommen, wenn der Beobachter da ist. Sie hören diese Aussage, und die unmittelbare Reaktion des Geistes ist: »Wie muss ich das machen?« Es geht Ihnen also mehr um das Handeln, was Sie mit der Aussage machen sollen, als darum, dem Gesagten wirklich zuzuhören. Wenn Sie dem wirklich vollständig zuhören, atmen Sie den Duft, die Wahrheit der Aussage ein. Und der Duft, die Wahrheit handelt und nicht das »Ich«, das sich abmüht, es richtig zu machen. Haben Sie das verstanden?

Um also die Schönheit und Tiefe der Meditation zu entdecken, müssen Sie die Aktivitäten des Selbst untersuchen, das ein Produkt der Zeit ist. Sie müssen also verstehen, was Zeit ist.

Bitte hören Sie dem zu. Hören Sie zu, machen Sie gar nichts damit, hören Sie einfach zu. Finden Sie heraus, ob es falsch oder wahr ist. Beobachten Sie einfach. Hören Sie mit Ihrem Herzen zu, nicht mit Ihrem erbärmlichen, kleinen [menschlichen] Geist.

Zeit ist Bewegung, sowohl physisch wie psychisch. Sich physisch von hier nach dort zu bewegen, braucht Zeit. Im Inneren, psychisch, besteht die Bewegung der Zeit darin, das, »was ist«, in das, »was sein sollte«, zu ändern. Daher kann das Denken, das Zeit ist, nie zum Stillstand kommen, weil Denken Bewegung ist, und diese Bewegung ist Teil des Selbst.

Wir sagen, das Denken ist die Bewegung der Zeit. Denken ist die Bewegung der Zeit, weil es aus Reaktionen des Wissens, der Erfahrung, des Gedächtnisses besteht, was Zeit ist. Daher kann das Denken nie still sein. Denken kann nie neu sein. Denken kann nie Freiheit hervorbringen.

Wenn man der Bewegung des Selbst in seinen ganzen Aktivitäten gewahr ist – als Ehrgeiz, Streben nach Erfüllung, in Beziehungen –, dann führt dies zu einem Geist, der vollkommen still ist. Nicht das Denken ist still – verstehen Sie den Unterschied? Die meisten Menschen versuchen, ihre Gedanken zu kontrollieren, in der Hoffnung, dadurch den Geist zur Ruhe zu bringen. Ich habe viele Menschen gesehen, die jahrelang geübt haben und versuchten, ihre Gedanken zu kontrollieren, weil sie hofften, dass so der Geist wirklich still wird. Aber sie sehen nicht, dass das Denken eine Bewegung ist. Auch wenn Sie diese Bewegung in den Beobachter und das Beobachtete aufteilen, in den Denker und das Gedachte oder in den Kontrollierenden und das Kontrollierte, es bleibt eine Bewegung. Und Denken kann nie still sein. Wenn es still ist, stirbt es. Deshalb kann es sich nicht leisten, still zu sein.

Wenn Sie tief in all das, in Ihr eigenes Inneres, vorgedrungen sind, werden Sie sehen, dass der Geist vollkommen still wird – ohne Zwang, ohne Kontrolle, ohne Hypnose. Und er muss still sein, denn nur in dieser Stille kann etwas völlig Neues stattfinden, etwas, das nicht wiederzuerkennen ist. Wenn ich meinen Geist durch verschiedene Tricks, Praktiken oder Schocks zwinge, still zu sein, dann ist das die Stille eines Geistes, der mit dem Denken gerungen hat, der das Denken kontrolliert und unterdrückt hat. Das ist etwas völlig anderes als ein Geist, der die Aktivität des Selbst gesehen hat, die Bewegung des Denkens als Zeit erkannt hat. Allein schon die auf diese ganze Bewegung gerichtete Aufmerksamkeit bringt diesen Geist hervor, der vollkommenen still ist, in dem etwas völlig Neues stattfinden kann.

Meditation ist das Entleeren des Geistes von allen Aktivitäten des Selbst. Erfordert das Zeit? Wird dieses Entleeren, oder besser gesagt – ich werde das Wort »entleeren« hier nicht benutzen, Sie werden sich ängstigen –, kann dieser Prozess des Selbst im Laufe der Zeit, im Laufe von Tagen oder Jahren enden? Oder muss er sofort enden? Ist das möglich? All das ist Teil Ihrer Meditation. Wenn Sie sich sagen: »Ich will das Selbst allmählich loswerden«, dann ist das Teil Ihrer Konditionierung, und in der Zwischenzeit amüsieren Sie sich. Wenn Sie das Wort »allmählich« ins Spiel bringen, dann ist Zeit einbezogen, eine Zeitspanne, und während dieser Zeitspanne machen Sie weiter – die ganzen Vergnügungen, die ganzen Schuldgefühle, die Sie pflegen, an denen Sie hängen, und die Ängste, die Ihnen ein gewisses Lebensgefühl geben. Und um von dem Ganzen frei zu sein, sagen Sie: »Es wird Zeit brauchen.« Das ist Teil unserer Kultur, unserer Konditionierung durch evolutionäre Abläufe. Aber braucht es Zeit, den Aktivitäten des Selbst psychisch ein Ende zu setzen? Oder ist gar keine Zeit nötig, sondern vielmehr das Freisetzen einer neuen Art von Energie, die mit dem Ganzen sofort Schluss macht?

Sieht der Geist wirklich, wie falsch die These ist, dass es Zeit braucht, um die Aktivitäten des Selbst aufzulösen? Sehe ich klar, dass das falsch ist? Oder meine ich intellektuell, dass es nicht ganz stimmt, und mache daher damit weiter? Wenn ich wirklich sehe, dass es falsch ist, dann ist es doch vorbei, nicht wahr? Dann ist darin keine Zeit enthalten. Zeit wird nur gebraucht, wenn analysiert wird, wenn jedes der Bruchstücke, die das »Ich« bilden, untersucht und inspiziert wird. Wenn ich erkenne, dass diese ganze Bewegung Denken ist, hat sie keine Gültigkeit mehr, auch wenn der Mensch sie als unvermeidlich akzeptiert hat. Dann endet sie, weil der Geist sieht, dass das falsch ist. Sie gehen nicht zu nahe an einen Abgrund heran, es sei denn, Sie sind nicht ganz bei Verstand, und dann fallen Sie hinunter. Ein geistig gesunder Mensch bleibt dem Abgrund fern. Der Schritt zurück braucht keine Zeit, es wird sofort gehandelt, denn Sie sehen, was geschieht, wenn Sie hinunterfallen. Genauso ist es, wenn Sie erkennen, dass alle [psychischen] Bewegungen des Denkens falsch sind, das Analysieren, das Akzeptieren der Zeit und so weiter, dann handelt das Denken in Form des »Ich« sofort und beendet sich selbst.

Ein religiöses Leben ist also ein Leben in Meditation, in dem die Aktivitäten des Selbst nicht da sind. Und so ein Leben kann man jeden Tag in dieser Welt leben. Das heißt, man kann als menschliches Wesen ein Leben führen, in dem es ständige Wachheit, Achtsamkeit und Bewusstheit gibt und einen aufmerksamen Geist, der die Bewegung des Selbst beobachtet. Und dieses Schauen ist ein Schauen aus der Stille, nicht von einer Schlussfolgerung aus. Denn der Geist hat die Aktivitäten des Selbst beobachtet und sieht, dass sie falsch sind, und daher ist der Geist außerordentlich empfindsam und still geworden. Und aus dieser Stille handelt er. Im täglichen Leben.

Haben Sie das erfasst? Haben wir das miteinander geteilt? Denn es ist Ihr Leben, nicht mein Leben. Es ist Ihr Leben voller Sorgen, Leid und Tragödien, voller Schuldgefühle, Verwirrung, Belohnung und Bestrafung. All das ist Ihr Leben. Wenn Sie es Ernst meinen, haben Sie schon versucht, das Ganze zu entwirren. Sie haben einige Bücher gelesen, sind einem Lehrer gefolgt oder haben jemand zugehört, aber die Probleme sind geblieben. Diese Probleme werden so lange weiter existieren, solange der menschliche Geist sich im Bereich der Aktivität des Selbst bewegt; diese Aktivität des Selbst muss immer noch mehr Probleme schaffen. Wenn Sie beobachten, wenn Sie sich dieser Aktivität des Selbst vollständig bewusst werden, wird der Geist außergewöhnlich still, gesund, heilig. Und aus dieser Stille heraus wird unser Leben in den alltäglichen Aktivitäten transformiert.

Religion ist das Ende des »Ich« und ein Handeln, das dieser Stille entspringt. Ein solches Leben ist ein heiliges Leben voller Sinn und Bedeutung.

Mit stillem Geist beobachten

Um entdecken zu können, was es bedeutet zu lieben, muss man da nicht davon frei sein, an etwas zu hängen, frei sein von Besitz, Eifersucht, Wut, Hass, Furcht und Angst? Frei davon sein, an etwas zu hängen – schauen wir uns das einmal an. An was hängen Sie, wenn Sie an etwas hängen? Angenommen, man hängt an einem bestimmten Tisch. Was beinhaltet dieses Gebundensein? Vergnügen, ein Sinn für Besitz, das Schätzen der Nützlichkeit, der Eindruck, dass es ein wunderschöner Tisch ist, und so weiter und so weiter. Was geht da vor, wenn ein Mensch an einem anderen hängt? Wenn jemand an Ihnen hängt, welche Gefühle hat er dann? In dieser Anhänglichkeit gibt es Besitzerstolz, Dominieren, Angst, den anderen zu verlieren, daher Eifersucht, und daher noch mehr Anhänglichkeit, mehr Besitzergreifen und Angst. Wenn es nun keine Anhänglichkeit gibt, heißt das, dass keine Liebe, kein Verantwortungsgefühl da sind? Für die meisten von uns ist Liebe dieser schreckliche Konflikt zwischen zwei Menschen, und so wird Beziehung zum Anlass für ständige Ängste und Sorgen. Sie kennen das alles, ich brauche es Ihnen nicht zu erzählen. Und das nennen wir Liebe. Und um dieser schrecklichen Belastung, die wir Liebe nennen, zu entfliehen, haben wir alle möglichen Arten der Unterhaltung – vom Fernsehen bis hin zur Religion. Wir streiten uns und gehen dann in die Kirche oder in den Tempel, kommen zurück und fangen wieder an. So geht es die ganze Zeit.

Kann ein Mann oder eine Frau von all dem frei sein, oder ist das unmöglich? Wenn es nicht möglich ist, dann ist unser Leben ein fortwährender Zustand voller Angst und Sorge, und das führt zu allen möglichen neurotischen Einstellungen, Überzeugungen und Handlungen. Ist es möglich, frei davon zu sein, an etwas zu hängen? Das beinhaltet sehr viel. Kann ein Mensch an nichts hängen und sich dennoch verantwortlich fühlen? Frei zu sein von Anhänglichkeit oder emotionaler Bindung bedeutet nicht das Gegenteil, es bedeutet nicht Abtrennung und Gleichgültigkeit. Es ist sehr wichtig, das zu verstehen. Wenn wir an etwas oder jemand hängen, kennen wir den Schmerz der Anhänglichkeit, des Gebundenseins, die damit einhergehende Angst, und wir sagen uns: »Mein Gott, ich muss mich aus diesem ganzen Horror lösen.« Also beginnt die Schlacht der Trennung, der Konflikt. Wenn Sie sich der Tatsache und des Wortes bewusst sind – des Wortes

»Anhänglichkeit« und der Freiheit von diesem Wort, also des Gefühls –, dann beobachten Sie dieses Gefühl ohne jede Wertung. Dann werden Sie sehen, dass es aus diesem umfassenden Beobachten zu einer ganz anderen Bewegung kommt, die weder Anhänglichkeit noch Abtrennung und Gleichgültigkeit ist. Sie wissen, dass Sie sehr stark an einem Haus, an einem Glauben, einem Vorurteil, einer Schlussfolgerung, an einen Menschen, an einem Ideal hängen. Dieses Gebundensein gibt sehr viel Sicherheit, aber das ist eine Illusion, nicht wahr? Es ist eine Illusion, ein Irrglaube, sich an etwas hängen zu können, denn dieses Etwas kann weggehen, verschwinden. Also ist das, woran Sie hängen, das Bild, das Sie sich von etwas gemacht haben. Können Sie frei davon sein, an etwas zu hängen, so dass es zu einer Verantwortlichkeit kommt, die keine Pflicht ist?

Was ist Liebe, wenn kein emotionales Gebundensein mehr da ist? Wenn Sie an einer Nationalität hängen, verehren Sie die Isolation, die mit Nationalität einhergeht, die eine Art von glorifiziertem Zugehörigkeitsgefühl zu einem Stamm, zu einer Gruppe ist. Und wozu führt das? Es trennt, nicht wahr? Wenn ich extrem an meiner Nationalität als Hindu hänge und Sie an Deutschland, Frankreich, Italien, England, dann sind wir voneinander getrennt – und daraus folgen die Kriege und die ganzen Komplikationen, bei allem, was in der Welt vor sich geht. Was geschieht nun, wenn Sie an nichts hängen? Ist das Liebe?

An etwas zu hängen wirkt also trennend. Ich hänge an meinem Glauben und Sie an Ihrem, und das bedeutet Trennung. Sehen Sie einfach, welche Konsequenzen und Folgen das hat. Wo Menschen an etwas hängen, herrscht Trennung und daher gibt es auch Konflikte. Wo es aber Konflikte gibt, kann unmöglich Liebe da sein. Wie ist die Beziehung zwischen zwei Personen beschaffen, wenn sie frei von emotionaler Gebundenheit sind und all den damit verbundenen Auswirkungen? Ist das der Beginn – ich benutze einfach das Wort »Beginn«, fallen Sie nicht gleich darüber her –, ist das der Beginn des Mitgefühls? Wenn es keine Nationalität und kein Gebundensein an irgendeinen Glauben, eine Schlussfolgerung, ein Ideal gibt, dann ist ein Mensch ein freier Mensch, und seine Beziehung zu einem anderen Menschen beruht auf Freiheit, auf Liebe, auf Mitgefühl.

Sehen Sie, all das ist Teil des Gewahrseins. Müssen Sie nun analysieren – so wie wir es getan haben –, um zu erkennen, was es bedeutet, an etwas zu hängen, oder können Sie das auf der Stelle in seiner Gesamtheit sehen und [erst] dann analysieren? Nicht umgekehrt?

Wir sind daran gewöhnt zu analysieren, das gehört zu unserer Ausbildung, und deshalb verbringen wir eine Menge Zeit damit. Wir schlagen etwas ganz anderes vor: beobachten, das Gesamte sehen und dann erst analysieren. Dann wird es sehr einfach. Aber wenn Sie versuchen, durch Analysieren zur Gesamtheit zu kommen, könnten Sie falsch liegen; und das tun Sie im Allgemeinen. Aber wenn etwas in seiner Gesamtheit betrachtet wird, das heißt ohne eine bestimmte Blickrichtung, dann wird Analyse entweder wichtig oder unwichtig, Sie können analysieren, oder es auch lassen.

Nun würde ich gerne etwas anderes untersuchen. Gibt es irgendetwas Heiliges im Leben, das Teil dieses Ganzen ist? Gibt es etwas Heiliges in Ihrem Leben? Entfernen Sie das Wort, lassen Sie das Wort weg, das Bild, das Symbol – das sehr gefährlich ist –, und fragen Sie sich dann: »Gibt es etwas wirklich Heiliges in meinem Leben, oder ist alles oberflächlich, ist alles ein Produkt des Denkens?« Das Denken ist nicht heilig, nicht wahr? Glauben Sie, das Denken und die Dinge, die es geschaffen hat, seien heilig? Wir wurden so konditioniert; als Hindu, Buddhist oder Christ sind wir daran gewöhnt, Dinge zu verehren, anzubeten, die das Denken produziert hat. Und diese Dinge nennen wir heilig.

Man muss das erforschen. Denn wenn Sie nicht herausfinden, ob es etwas wirklich Heiliges gibt, das nicht vom Denken erschaffen wurde, dann wird das Leben immer oberflächlicher, immer mechanischer und das Ende des eigenen Lebens ist absolut sinnlos. Wissen Sie, wir hängen am Denken und an seinen Möglichkeiten und wir verehren die Dinge, die das Denken hervorgebracht hat. Ein Bild, ein Symbol, eine Skulptur, ob von Hand oder im Geiste gemacht, entstammt den Vorgängen des Denkens. Und Denken ist Erinnerung, Erfahrung, Wissen, das heißt Vergangenheit. Die Vergangenheit wird zur Tradition, und die Tradition wird zu etwas Heiligem. Beten wir also die Tradition an? Gibt es etwas, das nichts mit Denken und Tradition zu tun hat, mit Ritualen und dem ganzen Zirkus, der veranstaltet wird? Das muss man herausfinden.

Wie finden Sie es heraus? – Nein, keine Methode. Wenn ich das Wort »wie« verwende, meine ich keine Methode. – Gibt es irgendetwas Heiliges im Leben?

Ein großer Teil der Menschheit sagt: »So etwas gibt es gar nicht. Der Mensch ist das Produkt der Umwelt, und wenn Sie die Umwelt verändern, dann werden Sie nie mehr über etwas Heiliges sprechen. Sie werden dann ein mechanistisches, glückliches Individuum sein.« Aber wenn man es sehr, sehr ernst meint mit dieser Sache – und man muss wirklich zutiefst ernsthaft sein –, dann gehören Sie weder zu einer materialistischen noch zu einer religiösen Gruppierung, deren Grundlage ebenfalls das Denken ist. Dann müssen Sie es herausfinden. Sie behaupten nichts. Sie fangen an zu untersuchen.

Was bedeutet es, sich selbst zu erforschen, um herauszufinden, ob es irgendetwas zutiefst Heiliges im eigenen Leben gibt – im Leben, nicht im eigenen Leben –, im Leben? Gibt es etwas Wunderbares, Unvergleichliches, Heiliges? Oder gibt es nichts dergleichen?

Um das herauszufinden, muss der Geist sehr still sein, denn nur in dieser Freiheit ist er dazu fähig. Es ist Freiheit nötig, um schauen zu können, aber wenn Sie sagen, »Na ja, ich mag meinen Glauben, ich bleibe dabei«, dann sind Sie nicht frei.

Sie sind auch nicht frei, wenn Sie sagen: »Außer der materiellen Welt gibt es nichts anderes«, denn das ist nur eine Regung des Denkens. Um also beobachten zu können, ist Freiheit von den kulturellen Prägungen, von persönlichen Wünschen und Hoffnungen, Vorurteilen, Sehnsüchten und Ängsten erforderlich. Sie können nur beobachten, wenn der Geist vollkommen still ist. Kann der Geist völlig bewegungslos sein? Denn wenn Bewegungen da sind, kommt es zu Verzerrungen.

Man empfindet das als furchtbar schwierig, weil sich das Denken sofort einschaltet. Also sagt man: »Ich muss das Denken kontrollieren.« Aber der Kontrollierende ist dasselbe, wie das, was er kontrollieren will. Wenn Sie das sehen, wenn Sie sehen, dass der Denkende das Denken, der Kontrollierende das Kontrollierte, der Beobachter das Beobachtete ist, dann findet keine Bewegung statt. Man erkennt, dass die Wut Teil des Beobachters ist, der sagt: »Ich bin wütend«; also sind die Wut und der Beobachter ein und dasselbe. Das ist klar und einfach. Genauso ist der Denkende, der das Denken kontrollieren will, immer noch Denken. Wenn man das erkennt, hört die Bewegung des Denkens auf.

Wenn im Geist keine Bewegung gleich welcher Art stattfindet, ist der Geist auf natürliche Weise still, ohne Mühe, ohne Zwang, ohne Wollen. Er ist ganz natürlich von selbst still; es ist keine eingeübte, kultivierte Stille, denn dann ist sie etwas Mechanisches, und das ist keine Stille, sondern nur eine eingebildete Stille. Da ist also Freiheit. Freiheit beinhaltet all das, worüber wir gesprochen haben, und in dieser Freiheit ist Stille da, das heißt, keine Bewegung. Dann können Sie beobachten – dann ist Beobachten da, dann gibt es nur noch das Beobachten und keinen Beobachter mehr, der beobachtet. Es gibt also nur Beobachten aus völliger Stille, aus einer vollkommenen Bewegungslosigkeit des Geistes. Was geschieht dann?

Wenn Sie so weit gegangen sind – was Freiheit von der eigenen Konditionierung bedeutet und daher Bewegungslosigkeit und vollkommene Stille, Ruhe –, dann ist Intelligenz am Werke. Ist es nicht so? Die Natur des emotionalen Gebundenseins mit all seinen Auswirkungen zu sehen, einen Einblick in das Ganze zu bekommen, das ist Intelligenz. Nur wenn Sie an diesen Punkt kommen, das heißt, wenn Sie [innerlich] frei sind und dabei die Intelligenz am Werke ist, dann haben Sie einen ruhigen, gesunden, ungestörten Geist. Und in dieser Stille finden Sie heraus, ob es etwas wirklich Heiliges gibt oder nichts dergleichen.

Erleuchtung ist kein fester Endpunkt

Wir sollten die Beziehung der Religion zum täglichen Leben betrachten und uns fragen, ob es etwas Namenloses, einen zeitlosen Zustand des Geistes gibt oder nicht. Man kann es Erleuchtung nennen, ein Erkennen oder Verwirklichen der absoluten Wahrheit. Kann der menschliche Geist je auf etwas stoßen, das unvergänglich ist, etwas, das nicht von diesem menschlichen Geist mit seinem Denken hervorgebracht wurde, etwas, das es geben muss, das dem Leben einen besonderen Duft, eine Schönheit und Anmut verleiht?

Der Mensch hat, wie die Geschichte zeigt, auf so viele verschiedene Arten und Weisen nach etwas gesucht, das über sein normales Leben, über diese Welt hinausgeht. Er hat alles mögliche getan – gefastet, sich gequält, alle möglichen neurotischen Verhaltensweisen praktiziert, hat Legenden und ihre Helden verehrt und die Autorität anderer akzeptiert, die sagten: »Ich kenne den Weg, folge mir.« Im Osten wie im Westen hat der Mensch zu allen Zeiten dieses Thema erforscht. Die Intellektuellen, die Philosophen, Psychologen und Analytiker betrachten dieses Forschen als neurotisch, als etwas völlig Wertloses. Für sie ist es eine Art von Hysterie, eine Fantasie, etwas, das unbedingt zu vermeiden ist. Weil sie überall um sich herum die Absurditäten im Namen der Religion sehen, ein unglaubliches Verhalten, das jeder Vernunft, jeder Substanz entbehrt, ziehen sie es vor, sich mit Menschen zu befassen, die sich an bereits bestehende Muster oder solche, die ihrer Meinung nach richtig sind, anpassen werden. Sie haben all das bestimmt schon in der einen oder anderen Weise beobachtet.

Doch der Intellekt ist nur ein Teil des Lebens. Er hat seinen normalen, eigenen Platz, aber überall auf der Welt messen die Menschen dem Intellekt eine übertrieben große Bedeutung bei, der Fähigkeit, vernünftig zu denken, etwas logisch zu ergründen und in einer Form zu handeln, die auf Logik und Vernunft basiert. Aber Menschen bestehen nicht bloß aus dem Intellekt, sie sind ganz vielschichtige, verwirrte Wesen.

Sie haben sicher beobachtet, dass der Mensch etwas finden möchte, das sowohl rational ist als auch geistige Tiefe hat, etwas Bedeutungsvolles, das nicht vom Intellekt erfunden wurde. Seit Urzeiten hat der Mensch danach gesucht. Organisierte Religion ist ein Geschäft, eine riesige Maschinerie, die dazu dient, den menschlichen Geist entsprechend bestimmter Glaubensvorstellungen, Dogmen und Rituale zu konditionieren. Es ist ein sehr profitables Geschäft, und wir akzeptieren es, weil unser Leben so leer ist. Unserem Leben mangelt es an Schönheit, und deshalb verlangen wir nach romantischen, mystischen Legenden. Wir verehren die Legenden, die Mythen, doch all die realen und gedanklichen Gebäude, die der Mensch errichtet hat, haben absolut nichts mit der Wirklichkeit zu tun.

Wie ist ein Geist beschaffen, der frei von allen menschlichen Bestrebungen ist, der wirklich alles außer Acht lässt, was der Mensch auf seiner Suche nach dem geschaffen hat, was Wirklichkeit genannt wird? Wissen Sie, das in Worte zu fassen, ist mit das Schwierigste, was es gibt. Worte müssen benutzt werden, aber Kommunikation findet nicht nur mit Worten, sondern auch ohne Worte statt. Das heißt, Sie und der Redner müssen zur gleichen Zeit, auf der gleichen Ebene, mit der gleichen Intensität forschen. Dann ist zwischen Ihnen und dem Redner ein tiefer geistiger Austausch möglich. Wir versuchen uns nicht nur wortlos, sondern auch mit Worten über diese außerordentlich komplexe Frage auszutauschen, und das erfordert klares und objektives Denken, und auch, über alles Denken hinauszugehen.

Meditation ist nichts für die Unreifen. Die Unreifen

können damit herumspielen, so wie man es jetzt macht, mit gekreuzten Beinen dasitzen, auf bestimmte Weise atmen, auf dem Kopf stehen oder Drogen nehmen, um irgendetwas Ursprüngliches zu erfahren. Durch Drogen, durch Fasten, durch irgendein System können Sie nie das finden oder dem begegnen, was ewig, was zeitlos ist. Es gibt keine Abkürzungen. Man muss hart arbeiten, man muss sich vollkommen bewusst werden, was man tut, was man denkt, ohne jede Verzerrung. All das erfordert eine große Reife, nicht die des Alters, sondern die Reife des Geistes, um fähig zu sein, zu beobachten, um das Falsche als das Falsche, das Wahre im Falschen und Wahrheit als Wahrheit zu sehen. Das ist Reife, ob auf der politischen Bühne, in der Geschäftswelt oder in Ihren Beziehungen.

Sie haben wahrscheinlich das Wort »Meditation« schon gehört oder etwas darüber gelesen oder Sie sind vielleicht irgendeinem Guru gefolgt, der Ihnen gesagt hat, was Sie tun sollen. Ich wünschte, Sie hätten dieses Wort noch nie gehört, dann könnte Ihr Geist frisch und unbeeinflusst forschen. Manche Leute waren in Indien, aber ich weiß nicht, warum sie dorthin fahren. Die Wahrheit ist nicht dort. Dort gibt es viel Romantisches, aber Romantik ist nicht die Wahrheit. Wahrheit ist da, wo Sie sind. Sie befindet sich nicht in einem fremden Land, sie ist da, wo Sie sind. Wahrheit ist das, was Sie tun, wie Sie sich verhalten. Sie ist dort zu finden und nicht im Rasieren ihres Kopfes oder in all den unsinnigen Dingen, die Menschen gemacht haben.

Warum sollten Sie meditieren? Dieses Wort bedeutet nachdenken, überlegen, schauen, wahrnehmen, klar sehen. Um klar zu sehen, um ohne Verzerrung beobachten zu können, müssen Sie sich Ihres [psychischen] Hintergrundes, Ihrer Konditionierung bewusst sein. Einfach nur sich dessen bewusst sein, ohne es zu verändern, zu transformieren oder frei davon zu sein. Einfach nur wahrnehmen. In diesem Beobachten den gesamten Inhalt des Bewusstseins klar und ohne Verzerrung zu sehen ist der Anfang und das Ende der Meditation. Der erste Schritt ist der letzte Schritt.

Warum sollte man meditieren, und was ist Meditation? Wissen Sie, wenn Sie heute morgen aus dem Fenster geschaut und die außerordentliche Schönheit des Morgenlichtes gesehen hätten, die fernen Berge und das Licht auf dem Wasser und wenn Sie ohne Worte beobachtet hätten, ohne zu sich selbst zu sagen: »Wie schön das ist«, wenn Sie nur beobachtet hätten und dabei vollkommen aufmerksam gewesen wären, dann müsste Ihr Geist völlig still gewesen sein. Andernfalls können Sie nicht beobachten, andernfalls können Sie nicht zuhören. Meditation ist also die Verfassung des Geistes, in der er vollkommen aufmerksam und still ist. Nur dann können Sie eine Blume sehen – ihre Schönheit, ihre Farben, ihre Form –, und nur dann endet die [innere] Distanz zwischen Ihnen und der Blume. Das heißt nicht, dass Sie sich mit der Blume identifizieren, aber das Element der Zeit, das zwischen Ihnen und der Blume existiert, die [innere] Distanz, verschwindet. Und Sie können nur dann ganz klar beobachten, wenn ein wortloses, unpersönliches, aber aufmerksames Beobachten stattfindet, in dem es kein Zentrum in Form des »Ich« gibt. Das ist Meditation.

Es erfordert ein sehr eingehendes Untersuchen, um festzustellen, ob Sie ohne Worte, ohne Verzerrung beobachten können, ohne dass sich das »Ich« in Form der Erinnerung einmischt. Dazu gehört auch, dass das Denken das Beobachten nicht stören darf. Das bedeutet, in der Beziehung zu einem anderen, diesen ohne das Bild zu beobachten, also einen anderen Menschen ohne die Bilder wahrzunehmen, die Sie sich von ihm gemacht haben. Ich weiß nicht, ob Sie das schon versucht haben. Das Bild sind »Sie«, ihr »Ich«, das die verschiedensten Eindrücke angesammelt hat, die verschiedensten Reaktionen auf den anderen. Das formt das Bild, das Sie von dem anderen Menschen trennt.

Und diese Trennung bringt Konflikte mit sich. Doch wenn kein Bild existiert, können Sie den anderen mit vollkommener Aufmerksamkeit wahrnehmen, in der es Liebe und Mitgefühl gibt und daher keinen Konflikt. Das ist Beobachten ohne den Beobachter. Auf die gleiche Weise gilt es, eine Blume oder alles um einen herum ohne Trennung zu beobachten, denn Trennung erzeugt Konflikte, und Trennung existiert so lange, wie das Denken das Entscheidende ist. Und für die meisten von uns ist das Denken, sind die Denkvorgänge, die Aktivitäten des Denkens von besonderer Bedeutung.

Also erhebt sich die Frage: Kann das Denken kontrolliert werden? Müssen Sie das Denken kontrollieren, um zu verhindern, dass es sich [beim Beobachten] einmischt, ihm aber auch erlauben, dort tätig zu werden, wo es am Platz ist? Kontrolle beinhaltet Unterdrückung, Ausrichtung, Anpassung an ein Muster, Nachahmung, Konformität. Von Kindheit an wurde Ihnen beigebracht, sich zu kontrollieren, und als Reaktion darauf sagt die moderne Welt: »Ich werde nichts kontrollieren; ich mache, was ich will.«

Wir sprechen hier nicht darüber, zu tun, was einem beliebt, das ist absurd. Doch dieses ganze Kontrollsystem ist ebenfalls absurd. Kontrolle gibt es nur, wo kein Verstehen vorhanden ist. Wenn Sie etwas ganz klar sehen, ist Kontrolle nicht nötig. Wenn mein Geist ganz klar sieht, wie das Denken sich einmischt, wie Denken immer trennt, wenn er sieht, dass die Tätigkeit des Denkens immer im Bereich des Bekannten stattfindet, dann verhindert bereits dieses Wahrnehmen jegliche Gedankenkontrolle.

Das Wort »Disziplin« bedeutet, [ständig] zu lernen, wahrzunehmen und nicht sich mechanisch [an eine Ordnung] anzupassen, was heute als Disziplin angesehen wird. Wir sprechen über einen Geist, der frei von Kontrolle und fähig ist, zu lernen. Wo Lernen stattfindet, besteht keine Notwendigkeit für irgendeine Art von Kontrolle. Das heißt, während Sie lernen, handeln Sie. Ein Geist, der das Wesen der Meditation erforscht, muss immer lernbereit sein, und dieses Lernen bringt seine eigene Ordnung mit sich. Ordnung ist notwendig im Leben. Ordnung ist Tugend. Ordnung im Verhalten ist Rechtschaffenheit. Aber Ordnung ist nicht die Ordnung, die von einer Gesellschaft, von einer Kultur, von einem Umfeld durch Druck oder Gehorsam aufgedrängt wird. Ordnung folgt keiner Vorlage, keinem Plan; sie ergibt sich, wenn Sie verstehen, was Unordnung ist, und zwar nicht nur in der Außenwelt, sondern auch in Ihrem eigenen Innern. Durch das Verneinen der Unordnung ist Ordnung da. Deshalb müssen wir uns die Unordnung unserer Lebensweise anschauen, die Widersprüchlichkeiten in uns, die gegensätzlichen Wünsche, dass wir das eine sagen und etwas anderes denken oder tun. Im Verstehen, im Anschauen der Unordnung, wenn sie beachtet wird, wenn sie wahrgenommen wird, ohne auszuwählen, entsteht Ordnung ganz natürlich, einfach und ohne jede Mühe. Und eine solche Ordnung ist notwendig.

Meditation ist ein zum Leben gehörender Prozess, in dem die Beziehungen zu anderen klar sind und ohne jeden Konflikt. Meditation ist das Verstehen von Angst und Vergnügen. Meditation ist das, was wir Liebe nennen, sie ist die Freiheit vom Tod, die Freiheit, vollkommen allein zu stehen. Das ist eines der großartigsten Dinge im Leben, denn wenn Sie innerlich, psychisch, nicht allein stehen können, sind Sie nicht frei. Dieses Alleinsein ist keine Isolation, kein Rückzug von der Welt. Dieses Alleinsein entsteht, wenn Sie nicht nur mit Worten, sondern tatsächlich durch Ihre ganze Lebensweise all die Dinge völlig negieren, die sich der Mensch in seiner Angst, in seinen Vergnügungen, bei seiner Suche nach etwas, das ihn über die Alltagsroutine hinausführt, ausgedacht hat.

Wenn Sie so weit gegangen sind, werden Sie sehen, dass nur der Geist, der keine Illusionen hat, der niemand folgt und daher frei von jedem Sinn für Autorität ist, die Tür öffnen kann. Nur ein solcher Geist kann sehen, ob es etwas Zeitloses gibt oder nicht.

Es ist wichtig, die Frage der Zeit zu verstehen, nicht der alltäglichen, messbaren Zeit, das ist recht einfach und klar, sondern der psychischen, inneren Zeit, der [vorgestellten] Zeit der Zukunft – »Ich werde etwas sein« oder »Ich werde etwas erreichen, Ich werde erfolgreich sein«. Ist die ganze Vorstellung von einem Fortschritt, von einer Zeitspanne, die von hier nach dort führt, eine Erfindung des Denkens? Offensichtlich gibt es einen Fortschritt vom Ochsenkarren zum Flugzeug, aber gibt es einen psychischen Fortschritt, das »Ich«, das besser, edler, weiser wird? Kann das »Ich«, das die Vergangenheit ist, das so viele Dinge angesammelt hat – die Beleidigungen, Schmeicheleien, Schmerz, Wissen, Leiden –, kann sich dieses »Ich« zu einem besseren Zustand fortentwickeln? Um vom Jetzigen zu etwas Besserem voranzukommen, ist Zeit erforderlich. Etwas zu werden braucht Zeit. Aber gibt es überhaupt so etwas, wie »etwas werden«? Werden Sie wirklich etwas Besseres – besser im Sinne eines besseren Ich, eines edleren Ich, mit weniger Konflikten? Das »Ich« ist das psychische Gebilde, das aufteilt und trennt in »Ich« und »Nicht-Ich«, in »wir« und

»sie«, [die anderen], das »Ich« als der Amerikaner, das »Ich« als der Hindu oder der Russe oder was auch immer. Kann also das »Ich« jemals besser werden? Oder muss das »Ich« vollkommen aufhören und auch das Denken in Form von »besser« oder »mehr«? Wenn Sie das »Mehr«, das »Besser« zulassen, verneinen Sie das Gute.

Meditation ist das völlige Negieren des »Ich«, sodass der Geist nie in Konflikt ist. Ein Geist, der nicht in Konflikt ist, ist nicht in dem friedlichen Zustand zwischen zwei Konflikten, er ist völlig frei von Konflikten. Und das ist Teil der Meditation.

Wenn Sie verstanden haben, was psychische, innere Zeit ist, dann hat der Geist Raum. Haben Sie schon einmal bemerkt, wie wenig Raum wir haben – sowohl äußerlich als auch innerlich? Da wir in riesigen Städten leben, in winzigen Wohnungen, in beengten Verhältnissen, werden wir gewalttätiger, da wir physisch Raum brauchen. Haben Sie auch bemerkt, wie wenig Raum wir innerlich, psychisch haben? Unser Geist ist mit Vorstellungen überfüllt, mit all den Dingen, die wir gelernt haben, mit verschiedenen Formen der Konditionierung, der Beeinflussung, der Propaganda. Wir sind voll von all den Dingen, über die der Mensch nachgedacht oder die er erfunden hat, voll von unseren eigenen Wünschen, Ambitionen und Ängsten, und deshalb ist innerlich sehr wenig Raum. Meditation ist – wenn Sie sich sehr tiefgehend damit befassen – die Verneinung des Ganzen, so dass es in diesem Zustand der Aufmerksamkeit weiten, grenzenlosen Raum gibt. Dann ist der Geist still.

Vielleicht haben Sie von anderen gehört, dass Sie nach einem bestimmten System meditieren müssen, dass Sie üben müssen, damit der Geist still wird, und dass Sie Stille erlangen müssen, um erleuchtet zu werden. Das wird als Meditation bezeichnet, aber diese Art von Meditation ist reiner Unsinn, denn wenn Sie üben, ist dieses Etwas da, das übt, und dabei immer mechanischer wird, und dadurch eingeschränkt, unsensibel, abgestumpft. Warum sollten Sie etwas üben oder praktizieren? Warum sollten Sie jemand erlauben, zwischen Sie und Ihr Forschen zu treten? Wieso sollte der Priester oder Ihr Guru oder Ihr Buch zwischen Sie und das treten, was Sie entdecken wollen? Ist es aus Angst? Möchten Sie jemand haben, der Sie ermutigt, fördert? Wollen Sie sich an jemand anlehnen, wenn Sie unsicher sind? Und wenn Sie unsicher sind und sich an jemand anlehnen, um Gewissheit zu haben, können Sie sicher sein, dass Sie jemand auswählen, der genauso unsicher ist wie Sie. Und deshalb behauptet die Person, an die Sie sich anlehnen, dass sie völlige Gewissheit hat. Sie sagt: »Ich weiß es, ich habe es erreicht; ich bin der Weg, folge mir.« Hüten Sie sich also vor einem Menschen, der sagt, er weiß es.

Erleuchtung ist kein fester Endpunkt. Es gibt keinen festen Endpunkt. Das Einzige, was man tun muss, ist, das Chaos, die Unordnung zu verstehen, in der wir leben. In diesem Verstehen haben wir Ordnung, und dort zeigt sich Klarheit, dort zeigt sich Gewissheit. Und diese Gewissheit ist keine Erfindung des Denkens. Diese Gewissheit ist Intelligenz. Und wenn Sie all das haben, wenn der Geist all das ganz klar sieht, dann öffnet sich die Tür. Was dahinter liegt, ist namenlos. Es lässt sich nicht beschreiben, und jeder, der es beschreibt, hat es nie wirklich gesehen. Man kann es nicht in Worte fassen, denn das Wort ist nicht die Sache selbst, die Beschreibung ist nicht das Beschriebene. Alles, was man tun kann, ist, in seinen Beziehungen vollkommen aufmerksam zu sein, zu sehen, dass Aufmerksamkeit nicht möglich ist, wenn ein Bild existiert, zu verstehen, was das Wesen von Vergnügen und Angst ausmacht, und zu erkennen, dass Vergnügen und Verlangen keine Liebe sind. Und Sie müssen alles für sich selbst herausfinden; niemand kann es Ihnen sagen.

Jede Religion hat gesagt: »Du sollst nicht töten.«

Für Sie sind das nur Worte, aber wenn es Ihnen Ernst damit ist, müssen Sie für sich selbst herausfinden, was das bedeutet. Was in der Vergangenheit gesagt wurde, ist vielleicht wahr, aber diese Wahrheit ist nicht Ihre Wahrheit. Sie müssen es selbst herausfinden, Sie müssen erkennen, was es bedeutet, niemals zu töten. Dann ist es Ihre Wahrheit und es ist eine lebendige Wahrheit.

In gleicher Weise müssen Sie selbst – nicht durch einen anderen, nicht durch Praktizieren einer Methode, die ein anderer erfundenen hat, nicht durch das Akzeptieren eines Gurus, eines Lehrers, eines Erlösers –, müssen Sie selbst in Ihrer Freiheit erkennen, was wahr und was unwahr ist. Sie müssen selbst vollständig herausfinden, wie ein Leben geführt werden kann, in dem es keinerlei Zwist und Streit gibt.

All das ist Meditation.

Das Ende der Suche

Gibt es etwas, das nicht vom Denken erschaffen wurde? Das heißt, gibt es etwas, das über die Zeit hinausgeht? Wir sind an die Vorstellung eines physischen Wachstums gewöhnt. Man braucht Zeit, um zu lernen, um etwas zu verstehen, daher sind wir an die Vorstellung gewöhnt, dass Veränderungen Zeit brauchen.

Es gibt physische Zeit; Zeit ist physisch notwendig, um die Strecke zwischen zwei Punkten zurückzulegen. Aber wir haben diese Vorstellung, diese Schlussfolgerung auch auf die psychische Ebene übertragen: »Ich kenne mich nicht, also brauche ich Zeit, um mich kennenzulernen.« Diese psychische, innere Zeit wurde vom Denken hineingebracht. Brauchen Sie wirklich Zeit, um frei von Gier zu sein? Ich benutze das nur als Beispiel. Brauchen Sie wirklich mehrere Tage, um frei von Eifersucht, Ängsten, Gier oder Neid zu sein? Sie sind daran gewöhnt zu denken, dass das so ist. Wenn ich sage: »Ich werde es überwinden«, ist dieses »Ich werde« Zeit. Es ist unsere Gewohnheit, unsere Tradition, unsere Lebensart zu sagen: »Ich werde meine

Wut, meine Eifersucht, mein Minderwertigkeitsgefühl überwinden.« Der menschliche Geist hat sich also an die Vorstellung von psychischer Zeit gewöhnt – an die Vorstellung von einem Morgen oder von vielen Morgen. Das stellen wir jetzt in Frage. Wir sagen, dass das nicht notwendig ist. Es ist keine Zeit notwendig, um frei von Gier zu sein. Das heißt, wenn Sie frei von Zeit sind und wenn Sie gierig sind, dann gibt es kein Morgen. Sie greifen ein, Sie handeln, Sie tun sofort etwas. Das Denken hat die psychische Zeit erfunden, um etwas vermeiden zu können, um etwas aufzuschieben oder um bei dem zu bleiben, was es schon kennt. Das Denken hat die innere Zeit aus Bequemlichkeit, Trägheit erfunden.

Können Sie innerlich, psychisch frei von der Vorstellung sein, dass es ein Morgen gibt? Bitte befassen Sie sich damit, schauen Sie sich das an. Ihre Angst oder Ihr sexuelles Verlangen oder was auch immer. Wenn Sie glauben, dass Sie durch eine bestimmte Aktivität erreichen werden, was immer Sie erreichen wollen, dann ist dieses Erreichen die Bewegung der Zeit. Können Sie sehen, dass das wahr ist und dass das bloße Wahrnehmen das beendet? Tun Sie das, während wir sprechen? Oder ist es für Sie nur ein Gedanke?

Wenn der Geist untersucht hat, was Zeit ist, und

wenn er herausgefunden hat, dass die Vorstellung, das Morgen sei psychisch ein Mittel zum Zweck, illusorisch ist, dann gibt es nur noch Wahrnehmen und Handeln, ohne die Zeitspanne dazwischen. Wenn man beispielsweise die Gefahren des Nationalismus erkennt – Kriege und so weiter –, dann ist bereits das Wahrnehmen die Handlung, die das Gefühl beendet, an einer bestimmten Gruppe zu hängen. Tun Sie das? Jeden Abend sagen Sie im britischen Fernsehen: »britisch, britisch, britisch« und im französischen Fernsehen: »französisch, französisch, französisch«

Wenn Sie erkennen, dass diese Trennung zu Katastrophen führt und dass es ein Irrtum ist, Zeit zu verlangen, um von der Konditionierung als Brite frei zu werden, die Sie seit ihrer Kindheit erlebt haben, dann ist dieses Erkennen die Handlung, die den Konflikt beendet. Das zu erkennen erfordert einen wirklich ernsthaften Geist, einen Geist, der sagt: »Ich will das herausfinden.«

Meditation ist das Ende der Zeit. Das haben wir gerade getan; wir haben meditiert. Wir haben meditiert, um die Natur der Zeit zu erforschen. Zeit ist real und notwendig, um von hier nach dort zu gelangen, aber psychisch existiert keine Zeit. Das zu entdecken ist eine ungeheuerliche Wahrheit, eine ungeheuerliche Tatsache, denn wir haben mit allen Traditionen gebrochen. Die Tradition fordert auf, sich Zeit zu nehmen, zu warten, und wenn Sie dieses oder jenes tun, werden Sie zu Gott gelangen. Sich daraus zu lösen bedeutet auch das Ende der Hoffnung. Hoffnung beinhaltet die Zukunft. Hoffnung ist Zeit. Wenn jemand deprimiert oder ängstlich ist oder sich hoffnungslos überfordert fühlt, hofft er, Fortschritte zu machen, lernen zu können, frei zu sein. Wenn Sie sehen, dass es psychisch keine Zukunft gibt, dann befassen Sie sich mit Fakten und nicht mit Hoffnungen.

Was wir beim Erforschen der Zeit getan haben, ist der Beginn der Meditation. Es ist Teil der Meditation.

Um herauszufinden, ob es etwas über die Zeit Hinausgehendes gibt, dürfen wir keine Probleme mit uns herumtragen. Wir sind mit Problemen belastet, mit persönlichen Problemen, kollektiven Problemen, internationalen Problemen.

Warum haben wir Probleme? Bitte fragen Sie sich, warum Sie Probleme haben: sexuelle Probleme, eingebildete Probleme, das Problem, keine Arbeit zu haben, Probleme, weil man sich ungenügend fühlt, das Problem, wenn man sagt: »Ich will in den Himmel kommen, aber ich kann nicht.« Ist es möglich, ein Leben ohne ein einziges Problem zu führen? Das bedeutet, dass Sie, sobald eine Schwierigkeit auftritt, diese sofort auflösen und sie nicht aufschieben. Etwas aufzuschieben ist die [innere] Bewegung der Zeit. Das erzeugt das Problem.

Was ist ein Problem? Ein Problem ist etwas, das Sie nicht verstanden, nicht gelöst, nicht abgeschlossen haben. Deswegen sind Sie beunruhigt, Sie machen sich Sorgen darüber, Sie können es nicht verstehen und schlagen sich Tag für Tag damit herum. Der Geist verkrüppelt durch diesen Prozess. Aber wenn es keine Zeit gibt, gibt es auch kein Problem. Können Sie das wirklich in Ihrem Herzen sehen – nicht in Ihrem Kopf, sondern in Ihrem Herzen? Können Sie sehen, dass der Mann oder die Frau, der oder die Probleme hat, in der Zeit gefangen ist und dass ein Geist, der frei von der Zeit ist, sich sofort mit einer Schwierigkeit befasst, wenn sie auftaucht? In dem Augenblick, in dem der Gedanke an Zeit auftaucht und Sie sagen: »Ich brauche Zeit, um die Sache zu lösen«, entfernen Sie sich von der Tatsache, und das ist das Problem. Wenn wir das erforschen wollen, darf kein einziges Problem vorhanden sein. Der Geist muss frei sein, um schauen zu können.

Um etwas ergründen zu können, das über die Zeit hinausgeht, muss ein umfassendes Gefühl der Verbundenheit da sein, das sich nur einstellen kann, wenn Liebe da ist. Liebe ist nicht Lust oder Vergnügen. Das ist klar. Liebe ist nicht Verlangen. Liebe ist nicht die Erfüllung Ihrer eigenen sinnlichen Bedürfnisse. Ohne diese Liebe können Sie machen, was Sie wollen – auf dem Kopf stehen, absonderliche Gewänder anziehen und den Rest Ihres Lebens mit gekreuzten Beinen in der Meditation sitzen –, es führt zu nichts. Um etwas zu finden, was über die Zeit hinausgeht, muss richtige Verbundenheit vorhanden sein und diese große Zuneigung und Liebe, die kein Produkt des Denkens ist. Das muss so sein, damit keine Probleme existieren.

In der Meditation, die zu einem absolut stillen Geist führen soll, ist jegliches Bemühen sinnlos. Sich Mühe zu geben, um zu meditieren, bedeutet Zeit, bedeutet Anstrengung, bedeutet, nach etwas zu streben, das Sie sich vorgestellt haben. Ist also ein Beobachten ohne Bemühen, ohne Kontrolle möglich? Ich verwende das Wort »Kontrolle« sehr zögernd, weil wir in einer freizügigen Gesellschaft leben – man macht, was man will, und je idiotischer es ist, desto besser: Drogen, Sex, verrückte Kleidung. Der Redner gebraucht das Wort »Kontrolle« in dem Sinne, dass beim reinen Beobachten keine Kontrolle nötig ist. Machen Sie sich nichts vor, indem Sie sagen:, »Was ich mache, ist reines Beobachten, also brauche ich keine Kontrolle,« und sich dabei gehen lassen. Das ist Unsinn. Wenn ein Geist »unter Kontrolle« ist, dann wird diese Kontrolle vom Denken ausgeübt. Das Denken ist begrenzt, und aus seiner Beschränkung heraus möchte es etwas haben, also sagt es: »Ich muss die Dinge kontrollieren.« Ein solcher Geist ist zum Sklaven einer Idee geworden, keiner Tatsache. Er ist Sklave einer Vorstellung, einer Schlussfolgerung, wie jemand, der sehr fest an etwas glaubt und unfähig ist, frei zu denken.

Ein Geist, der sich im Konflikt befindet, der Probleme hat, der die Frage der Beziehung nicht geklärt und daher keine Liebe hat, ist unfähig, darüber hinauszugehen. Er kann nur innerhalb seiner eigenen Umgrenzung zu etwas gelangen, von dem er denkt, dass es darüber hinausgeht. Er kann sich erträumen, dass er darüber hinausgeht, aber es ist nicht der Fall. Wenn wir es ernst meinen und bis zu diesem Punkt gekommen sind, wo alle Dinge verworfen werden, in die der Mensch verstrickt gewesen ist, dann ist im Geist, in allen Sinnen, im Gehirn eine unglaubliche Liebe mit ihrer Intelligenz zu spüren.

Dann können wir mit dem Untersuchen fortfahren.

Ein ruhiger, stiller Geist ist nicht nur physisch ruhig. Ruhe und Stille haben nicht unbedingt etwas mit einer bestimmten Sitzhaltung zu tun. Sie können sich auch hinlegen, Sie können alles mögliche tun, aber der Körper muss völlig ruhig sein. Er darf nicht kontrolliert werden, denn wenn Sie ihm etwas aufzwingen, gibt es einen Konflikt. Der Geist kann beobachten, weil er frei und daher absolut ruhig ist. Es gibt kein »ich beobachte«, da ist nur Beobachten, ohne das »Ich«. Wenn das »Ich« beobachtet, gibt es Dualität und Trennung. Das »Ich« bin ich – das heißt, sind »Sie«. Es setzt sich aus vielen Dingen zusammen, aus vergangenen Erinnerungen, vergangenen Erfahrungen, vergangenen Problemen, gegenwärtigen Problemen, Ängsten. Wenn wir so weit gekommen sind, ist das »Ich« jetzt abwesend. Es bin nicht »ich«, der beobachtet. Es gibt nur noch Beobachten.

Was geschieht dann? Was wir jetzt gemacht haben, ist wirkliche Meditation: das Erforschen des Selbst, Selbsterkenntnis, all seine Probleme kennenlernen, all seine Wünsche, Belastungen, Konflikte, Sorgen und Leiden.

Dieses Gewahrsein ist nur dann möglich, wenn Sie Ihre Reaktionen in den Beziehungen beobachten. Sie können sich nicht beobachten, wenn Sie sich zurückziehen und allein unter einen Baum sitzen. Sie sehen schon etwas, aber nur in Beziehungen tauchen alle Ihre

Reaktionen auf. Der Geist ist nun in einem Zustand, in dem es kein Problem, kein Bemühen, keine Kontrolle und grundsätzlich keinen Willen gibt, denn der Wille ist der Kern des Verlangens. »Ich will«, »ich möchte«, »ich muss« sind Ausdruck des Verlangens, das etwas haben will, was in der Zeit ist. Um etwas zu erreichen, muss ich den Willen einsetzen. Von all dem ist der Geist jetzt also frei.

Wenn Sie so weit gegangen sind, was ist dann da? Der Mensch hat etwas Heiliges gesucht, etwas Unvergängliches, Unzerstörbares, Zeitloses. Er sagt: »Ich habe mein Leben vollständig verstanden, was nun? Was gibt es darüber hinaus?« Aber an diesem Punkt muss alles Suchen ebenfalls ein Ende haben, denn wenn Sie Gott oder die Wahrheit oder was auch immer suchen, – es kann auch Ihr eigenes Vergnügen sein, Ihre eigenen sexuellen Bedürfnisse oder die Beendigung bestimmter Probleme –, sind Sie auf der Suche.

Suchen beinhaltet, dass Sie das Gesuchte, wenn Sie es gefunden haben, erkennen müssen. Und es muss Sie zufriedenstellen, sonst verwerfen Sie es. Es muss all Ihre Probleme lösen – was es nicht machen wird, denn die Probleme werden von Ihnen selbst geschaffen. Demnach ist ein Mensch, der sagt: »Ich suche«, eigentlich ziemlich gestört, denn er macht sich etwas vor. Wenn all das vollständig beendet ist, dann ist der Geist absolut ruhig im reinen Beobachten. Alles, was darüber hinausgeht, ist nur eine Beschreibung, ist nur ein Aneinanderreihen von Worten, um etwas zu vermitteln, das nicht mitgeteilt werden kann.

Das Einzige, was man tun kann, ist, das nicht zu beschreiben, sondern dem anderen mit der gleichen Fähigkeit, mit der gleichen Intensität, auf demselben Niveau zu begegnen. Denn was ist Liebe? Liebe ist, einem anderen Menschen mit der gleichen Intensität, auf dem gleichen Niveau, zur gleichen Zeit zu begegnen. Nicht wahr? Das ist Liebe. Ich spreche nicht von der körperlichen Liebe. Ich spreche von der Liebe, die weder Verlangen noch Vergnügen ist. Jemand mit der gleichen Intensität, mit dem gleichen Verständnis für Zeit, mit der gleichen Leidenschaft zu begegnen – das ist Liebe.

Wenn diese Liebe da und der Geist still ist, findet eine Kommunikation ohne Worte statt. Diese Kommunikation ist wirkliche Kommunion, Gemeinschaft, in der etwas vollständig geteilt wird, das nicht in Worte gefasst werden kann. In dem Augenblick, in dem Sie es in Worte fassen, ist es schon wieder entschwunden, denn das Wort ist nicht das Tatsächliche.

Wo stehen wir also? Wo stehen Sie in Bezug auf das,

was Sie hier gehört haben, was Sie erfahren haben und was Sie selbst gesehen haben? Sind es für Sie nur Worte, die Sie mitnehmen? Oder gibt es eine tiefe, grundlegende Veränderung, so dass Sie frei von all Ihren Problemen und Ängsten sind und dieser Duft sich zeigt, der nie vergeht, der Liebe ist?

Und daraus gehen Intelligenz und Handeln hervor.

Reines Beobachten

Hören wir einander überhaupt zu? Sie reden meistens mit sich selbst, und dann kommt jemand daher und will Ihnen etwas sagen, aber Sie haben keine Zeit oder keine Lust oder nicht die Absicht zuzuhören. Da ist ständige Taubheit, kein Spüren des Raumes, nur Taubheit, sodass wir einander nie wirklich zuhören. Hören findet nicht nur mit dem Ohr statt, sondern man hört auch auf die Bedeutung der Worte, auf ihren Sinn und darauf, wie sie klingen. Dieses Klingen ist sehr wichtig; wenn das Klingen wahrnehmbar ist, ist Raum vorhanden, andernfalls ist kein Klingen da. Nur wenn Raum da ist, ist hörbar, wie etwas klingt. Die Kunst des Zuhörens besteht also, wenn man darauf hinweisen darf, nicht nur im Hören mit dem Ohr, sondern auch darin, zu hören, wie die Worte klingen. Die Worte klingen [auf bestimmte Weise], und damit man hören kann, wie sie klingen, muss Raum da sein. Aber wenn Sie beim Zuhören das Gesagte ständig in Ihre eigenen Vorurteile, ihre eigenen angenehmen und unangenehmen inneren Vorgänge übertragen, dann hören Sie überhaupt nicht zu.

Können Sie nicht nur dem zuhören, was der Redner sagt, sondern auch Ihren eigenen Reaktionen auf das Gesagte, und das, ohne Ihre Reaktionen zu korrigieren, damit sie dem Gesagten entsprechen?

Dann kommt es zu diesem Vorgang: Der Redner sagt etwas, dem Sie zuhören, und Sie hören auch Ihren Reaktionen auf das Gesagte zu. Und Sie geben dem Raum, wie Ihre eigenen Reaktionen klingen sowie dem, was gesagt wird. Das erfordert ungeheure Aufmerksamkeit, es reicht nicht, nur in eine Art Trance zu gehen und abzudriften. Wenn Sie [wirklich] zuhören, dann geschieht in diesem Zuhören ein Wunder. Das Wunder besteht darin, dass Sie ganz bei dem sind, was tatsächlich gesagt wird, und gleichzeitig Ihren eigenen Reaktionen zuhören. Es sind simultan ablaufende Vorgänge. Sie hören dem zu, was gesagt wird, sowie Ihrer Reaktion auf das Gesagte, die unmittelbar erfolgt, und Sie hören zu, wie das alles klingt, und das bedeutet, dass Raum vorhanden ist. Sie widmen dem Zuhören also Ihre ganze Aufmerksamkeit. Das ist eine Kunst, die man nicht lernen kann, indem man auf eine Universität geht und einige Abschlüsse macht, sondern nur, indem man allem zuhört – dem Fluss, der vorbeifließt, den Vögeln, einem Flugzeug, Ihrer Frau oder Ihrem Mann – und das ist noch viel schwieriger, weil Sie sich aneinander gewöhnt haben. Sie wissen fast jedes Mal, was sie sagen wird, und sie weiß genau, was Sie sagen werden – nach zehn Tagen wie nach zehn Jahren. Also haben Sie ihr Zuhören völlig abgeschaltet.

Können Sie die Kunst des Zuhörens erlernen – nicht morgen, sondern jetzt, während Sie hier sitzen? Das bedeutet, dass Sie Ihren eigenen Reaktionen zuhören, sie wahrnehmen und dem Klingen Ihres eigenen Inneren Raum geben und auch dem zuhören, was von außen kommt. Es ist ein alles umfassender Prozess, ein ganzheitlicher Vorgang des Hörens. Diese Kunst erfordert Ihre höchste Aufmerksamkeit; denn wenn Sie auf diese Weise aufmerksam sind, gibt es keinen Zuhörer, sondern nur das Wahrnehmen der Tatsache, ob etwas zutrifft oder nicht zutrifft. Wenn Sie wirklich die Beschaffenheit eines Gehirns erforschen wollen, das religiös und meditativ ist, dann müssen Sie allem sehr, sehr aufmerksam zuhören. Es ist wie ein gewaltiger Strom, der in Bewegung ist.

Ist Religion ein Gedankengebäude, oder geht sie über das Denken hinaus? Denken, das immer auf Erfahrung, Wissen und Erinnerung basiert, ist sehr begrenzt. Zu untersuchen, was über das Denken hinausgeht, ohne dass das Denken untersucht, das ist die Schwierigkeit. Ich sehe, dass das Denken in jeder

Hinsicht völlig begrenzt ist, sei es in der technologischen oder in der psychischen Welt. Das Denken mit all seinen Aktivitäten ist begrenzt, und deshalb kommt es zwangsläufig zu Konflikten. Das ist klar. Aber wenn das klar ist, welches Instrument kann dann etwas erforschen, was keine Aktivität des Denkens ist? Ist das möglich? Das Denken kann seine eigenen Aktivitäten untersuchen, seine eigene Begrenzung, seine Art und Weise, wie es Dinge zusammenfügt, wie es das Eine zerstört und etwas anderes erschafft. Das Denken kann in seiner eigenen Verwirrung eine gewisse Ordnung schaffen, aber diese Ordnung ist eine begrenzte Ordnung. Daher ist es nicht die höchste Ordnung. Ordnung umfasst das gesamte Dasein.

Vielleicht sind die Begriffe, »erforschen« und »untersuchen« falsch, denn Sie können nichts untersuchen, was über das Denken hinausgeht. Um herauszufinden, ob es möglich ist, etwas ohne jede Bewegung des Denkens zu beobachten, den Baum zu sehen, dem Bach zu lauschen, ohne jedes Einmischen von Worten, einfach zu beobachten, ohne dass irgendeine Regung aus vergangenen Erinnerungen in Ihr Beobachten einfließt, das erfordert völlige Freiheit von der Vergangenheit als Beobachter.

Können Sie ohne ein Wort beobachten? Ohne all

die Erinnerungen und Assoziationen, die das Wort enthält? Können Sie Ihre Frau anschauen – oder Ihre Freundin oder Ihren Mann – ohne das Wort »Frau«, ohne die ganzen Erinnerungen, die das Wort enthält? Sehen Sie, wie bedeutsam das ist: dass Sie Ihre Frau oder Ihren Mann oder den Fluss anschauen, als wäre es das erste Mal. Wissen Sie, wenn Sie morgens aufwachen und aus Ihrem Fenster schauen und Berge und Täler, Bäume und grüne Felder sehen, dann ist das ein erstaunlicher Anblick, wenn Sie all das anschauen, als wären Sie gerade zur Welt gekommen. Das heißt, Sie betrachten es völlig unvoreingenommen, ohne Schlussfolgerungen und ohne Vorurteile. Dazu sind Sie aber nicht in der Lage, wenn Sie nur halb wach sind. Wenn Sie verstehen, was es beinhaltet, fällt es Ihnen leicht. Wenn ich meine Frau aus dem Blickwinkel der ganzen Bilder, Begebenheiten, Erinnerungen und Verletzungen betrachte, dann schaue ich niemals *sie* an. Ich schaue sie immer durch die Brille der Bilder aus vergangenen Erinnerungen an. Können Sie Ihre Freundin oder Ihre Frau oder Ihren Mann anschauen, als sähen Sie sie oder ihn zum ersten Mal, ohne die ganzen Bilder und Erinnerungen?

Es erfordert Ihre höchste Aufmerksamkeit, das Wesen eines religiösen Gehirns zu erfassen, das nicht vom

Denken verunreinigt ist. Das bedeutet, dass Sie vollkommen frei sind von jeder Festlegung auf einen Guru, eine Kirche, Ihre Vorstellungen oder Ihre Traditionen aus der Vergangenheit, sodass Sie völlig frei beobachten können. Wenn Sie so beobachten, wie ist das Gehirn dann beschaffen?

Bisher habe ich einen Baum, einen Fluss, den Himmel, die Schönheit einer Wolke, meine Frau, meine Kinder, meinen Mann, meine Tochter immer mit einer Erinnerung, mit einem Bild betrachtet. So bin ich konditioniert. Und dann kommen Sie daher und sagen mir, ich solle sie ohne ein Wort, ohne das Bild, ohne die ganzen vergangenen Erinnerungen anschauen. Und ich sage, ich kann das nicht. Meine unmittelbare Antwort ist, dass ich das nicht kann. Was bedeutet, dass ich Ihnen nicht wirklich zuhöre. Die Reaktion erfolgt sofort, und ich sage: »Ich kann das nicht.« Nun geben Sie Acht, seien Sie sich bewusst, dass die Aussage »Ich kann das nicht« eine Form von Widerstand ist, denn ich bin so an einen bestimmten Guru oder an irgendeine religiöse Lehre gebunden, dass ich Angst habe loszulassen. Ich muss also auf diese Reaktion achten und gleichzeitig dem zuhören, was Sie sagen – dass völlige Freiheit vom Wort, vom Inhalt des Wortes vorhanden sein muss, um beobachten zu können –, ich muss also beidem zuhören. Seien Sie sich also dieser Vorgänge bewusst – des Widerstandes und des Zuhörens, dass Sie zuhören wollen und wissen, dass Sie nicht zuhören können, wenn Sie Widerstand leisten – und lassen Sie davon nicht ab. Sagen Sie nicht: »Ich muss es verstehen.« Schauen Sie es einfach an, so dass Sie absolut aufmerksam werden.

Reines Beobachten findet ohne die Bewegung des Selbst statt. Worte sind das Selbst. Worte, die Erinnerungen, die angesammelten Verletzungen, die Ängste, Befürchtungen, Schmerzen, Sorgen und die ganze Mühsal des menschlichen Daseins sind das Selbst, das mein Bewusstsein ist. Und wenn Sie beobachten, ist all das verschwunden. Nichts von alldem findet Eingang in das Beobachten. Es gibt kein »Ich«, das beobachtet. In diesem Beobachten im täglichen Leben herrscht völlige Ordnung. Es gibt keine Widersprüchlichkeit. Widersprüchlichkeit ist Unordnung, und diese Widersprüchlichkeit mit ihrer Unordnung hat ihre eigene, sonderbare, begrenzte Ordnung.

Dann können wir fragen, was Meditation ist – nicht, wie man meditiert. Wenn Sie fragen »wie«, gibt es jemand, der Ihnen sagt, was zu tun ist. Fragen Sie aber nicht nach dem »Wie«, sondern danach, was Meditation ist, müssen Sie Ihre eigene Fähigkeit und Ihre eigene Erfahrung anwenden, wie begrenzt sie auch sein mögen; Sie müssen [selbst] denken. Meditation heißt nachsinnen, nachdenken, interessiert sein, sich hingeben, nicht irgendeiner Sache, sondern den Geist der Hingabe haben. Ich hoffe, Sie hören zu, um das selbst herauszufinden, denn niemand, niemand kann Ihnen beibringen, was Meditation ist, ganz gleich, wie lang der Bart dieses Herrn auch ist und was für ausgefallene Gewänder er auch trägt. Finden Sie es selbst heraus, und stehen Sie zu dem, was Sie selbst herausfinden, und verlassen Sie sich nicht auf andere.

Man muss die Bedeutung des Wortes »Meditation«, das im Grunde auf das Wort »messen« zurückgeht, sehr genau verstehen. Was heißt das? Von den alten Griechen bis in unsere Zeit ist das Messen Grundlage der gesamten technologischen Welt.

Ohne zu messen kann man weder eine Brücke noch ein wunderbares, hundert Stockwerke hohes Gebäude errichten. Auch innerlich sind wir ständig mit Messen beschäftigt: »Ich war« und »ich werde sein«; »ich bin dies« und »ich bin dies gewesen« oder »ich muss jenes werden.« Das ist nicht nur Messen, sondern auch Vergleichen. Messen heißt vergleichen: Sie sind groß, ich bin klein; ich bin hellhäutig, Sie sind dunkelhäutig. Bitte erfassen Sie die Bedeutung des Messens sowie die

Bedeutung der Worte »besser« und »mehr«, und gebrauchen Sie diese niemals innerlich, [im psychischen Bereich]. Tun Sie das jetzt, während wir miteinander sprechen?

Wenn das Gehirn frei von allem Messen ist, werden die Gehirnzellen, die an das Messen gewöhnt sind, die vom Messen konditioniert worden sind, sich plötzlich der Wahrheit bewusst, dass Messen psychisch zerstörend wirkt. Dadurch erfahren die Gehirnzellen eine Mutation. Ihr Gehirn war daran gewöhnt, sich in eine bestimmte Richtung zu bewegen, und Sie glauben, dies sei der einzige Weg zu irgendeinem Ziel. Das Ziel haben Sie natürlich erfunden. Wenn nun jemand daherkommt und Ihnen sagt, dass dieser Weg Sie nirgendwo hinführt, leisten Sie Widerstand und antworten: »Nein, Sie haben unrecht; alle Traditionen, alle großen Schriften, alle großen Heiligen sagen, dass Sie unrecht haben.« Was bedeutet, dass Sie nicht wirklich geforscht haben. Sie zitieren andere, das heißt, Sie leisten Widerstand. Also sagt der andere zu Ihnen: »Leisten Sie keinen Widerstand, hören Sie dem zu, was ich sage. Hören Sie dem zu, was Sie denken, was für Reaktionen Sie haben, und hören Sie auch dem zu, was ich sage.« Hören Sie also beidem zu. Und um beidem zuzuhören, müssen Sie aufmerksam sein, das heißt Raum haben.

Finden Sie also heraus, ob Sie leben können, ohne zu messen – nicht nur in Augenblicken einer seltsamen Meditation, sondern im täglichen Leben. Ein Leben ohne jeden Hang zum Messen und Vergleichen zu führen ist Meditation. Meditation beinhaltet ein tiefes Verstehen dieses Wortes. Und bereits das Verstehen und Erfassen, die Einsicht in dieses Wort, ist die Handlung, die das innere, psychische Messen beendet. Tun wir das?

Was ist das Nächste in der Meditation? Wir haben die Natur der Aufmerksamkeit verstanden, das vollständige Zuhören. Um zuhören zu können, braucht es Raum, und in diesem Raum ist darauf zu achten, wie das Gehörte klingt. Und wir fragen, ob es etwas Heiliges gibt. Wir sagen weder, dass es so etwas gibt, noch, dass es das nicht gibt. Gibt es etwas, das nie vom Denken berührt wurde? Das heißt nicht, dass *ich* zu etwas gelangt bin, das über das Denkens hinausgeht, das ist Unsinn. Aber existiert etwas, das über das Denken hinausgeht? Etwas, das keine Materie ist? Das Denken ist ein materieller Vorgang, und somit ist alles vom Denken Geschaffene begrenzt und daher ist es unvollständig, es ist nicht das Ganze. Gibt es etwas, das sich völlig außerhalb der Welt des Denkens befindet? Wir untersuchen das gemeinsam. Wir sagen weder, dass es etwas gibt, noch, dass es nichts gibt. Wir untersuchen, sind aufmerksam, hören zu – was bedeutet, dass alle Aktivität des Denkens aufgehört hat – außer in der physischen Welt, wo ich gewisse Dinge tun muss. Ich muss von hier nach dort gehen, ich muss einen Brief schreiben, ich muss Auto fahren, ich muss essen, ich muss kochen, ich muss Geschirr spülen. Dabei muss ich das Denken benutzen, wie routinemäßig, wie begrenzt es auch sein mag. Aber innerlich, das heißt psychisch, kann es keine weitere Aktivität geben, solange das Denken nicht vollkommen aufgehört hat. Das ist offensichtlich. Um irgendetwas beobachten zu können, das über das Denken hinausgeht, muss das Denken aufhören. Es ist kindisch und unreif zu fragen,: »Mit welcher Methode kann das Denken beendet werden; geht es mit Konzentration, mit Kontrolle?« Wer ist der Kontrollierende?

Um zu untersuchen, um weitere Einblicke zu erhalten, um zu sehen, ob es etwas gibt, das über das Denken hinausgeht, das nicht vom Denken geschaffen wurde, muss das Denken vollkommen aufhören. Allein schon die Notwendigkeit, es herauszufinden, beendet das Denken. Wenn ich einen Berg besteigen will, muss ich trainieren, ich muss Tag für Tag daran arbeiten, weiter und weiter zu klettern. Ich muss meine ganze Energie dafür einsetzen. Und so erzeugt die Notwendigkeit, herauszufinden, ob es noch etwas anderes gibt als das Denken, die Energie, die dann das Denken beendet. So einfach ist das. Machen Sie es nicht kompliziert. Wenn ich schwimmen will, muss ich es lernen. Die Absicht, zu schwimmen ist stärker als die Angst davor.

Das ist wichtig, denn das Denken, das begrenzt ist, hat seinen eigenen Raum, seine eigene Ordnung. Wenn die Aktivität des begrenzten Denkens aufhört, ist Raum da – nicht nur Raum im Gehirn, sondern Raum. Nicht der Raum, den das Selbst um sich herum schafft, sondern der Raum, der keine Grenzen hat. Denken ist begrenzt, und was immer es macht, wird stets begrenzt sein, weil es in seiner ganzen Struktur konditioniert ist. Wenn das Denken selbst seine Begrenztheit entdeckt und sieht, dass diese Begrenztheit zu Verwüstung und Chaos in der Welt führt, dann beendet allein diese Beobachtung das Denken. Dann kann etwas Neues entdeckt werden. Dann sind Raum und Stille da.

Das heißt, Meditation ist das Verstehen und das Ende des psychischen Messens. Sie ist das Ende des Werdens und das Erkennen, dass das Denken für immer begrenzt ist. Es mag über das Grenzenlose nachdenken, aber das entspringt immer dem Begrenzten.

So hat das Denken also ein Ende. Und das Gehirn, das ununterbrochen vor sich hin geplappert hat, konfus und beschränkt, ist plötzlich still geworden, ohne Zwang, ohne Disziplin, weil es die Tatsache, die Wahrheit sieht. Und die Tatsache und die Wahrheit gehen über die Zeit hinaus.

Das Denken hat ein Ende. Dann ist da absolute Stille im Gehirn. Alle Bewegungen des Denkens haben aufgehört. Sie haben aufgehört, aber sie können wieder aktiviert werden, wenn es in der physischen Welt notwendig ist. Jetzt ist das Gehirn ruhig, es ist still. Und wo Stille ist, muss Raum sein, ungeheurer Raum, denn es ist kein Selbst da. Das Selbst hat seinen eigenen, begrenzten Raum, es schafft sich seinen eigenen, kleinen Raum. Doch wenn das Selbst nicht da ist, das heißt, wenn die Aktivität des Denkens aufgehört hat, dann herrscht ungeheure Stille im Gehirn, weil es jetzt von seiner ganzen Konditionierung frei ist.

Und nur dort, wo Raum und Stille vorhanden sind, kann etwas Neues sein, das von Denken und Zeit unberührt ist. Das könnte das Heiligste sein – vielleicht. Sie können dem keinen Namen geben. Vielleicht ist es das Unnennbare, was sich nicht in Worte fassen lässt. Und wenn das da ist, dann sind Intelligenz und Mitgefühl und Liebe da. Dann ist das Leben nicht fragmentiert, in Bruchstücke zerfallen. Es ist ein Vorgang in Einheit und Ganzheit, der in Bewegung ist, der lebt.

Und der Tod ist genauso wichtig wie das Leben, wie zu leben. Leben und Tod sind miteinander verbunden. Zu leben heißt zu sterben. Alle Sorgen, alle Schmerzen und Ängste zu beenden ist Sterben. Wie zwei Flüsse, die mit ihren ungeheuren Wassermassen gemeinsam in Bewegung sind.

Und all das, vom Anfang unserer Rede bis zu diesem Punkt, ist Teil der Meditation. Wir haben uns mit der menschlichen Natur befasst, und niemand außer Ihnen selbst kann in ihr einen radikalen Wandel bewirken.

Das Licht kann kein anderer geben

Man muss frei sein, um sich selbst voll und ganz ein Licht zu sein. Ein Licht für sich selbst! Niemand kann einem dieses Licht geben, und Sie können es auch nicht an der Kerze eines anderen entzünden. Es ist nur eine Kerze, die ausgeblasen werden kann. Das Untersuchen, was es bedeutet, sich selbst ein Licht zu sein, ist bereits Teil der Meditation. Wir werden dies gemeinsam untersuchen und sehen, wie außerordentlich wichtig es ist, dieses Licht zu haben.

Wir sind darauf konditioniert, Autoritäten zu akzeptieren – die Autorität des Priesters, die Autorität eines Buches, eines Gurus, die Autorität von irgendjemandem, der sagt, er weiß. In allen spirituellen Angelegenheiten, wenn man dieses Wort »spirituell« gebrauchen will, darf es keinerlei Autoritäten geben, sonst können Sie nicht frei sein, um zu forschen, um selbst herauszufinden, was Meditation bedeutet. Um sich mit dieser Frage befassen zu können, müssen Sie innerlich ganz sein, frei von jeder Autorität, frei von allem Vergleichen, auch frei von der Autorität des Redners, besonders von der des Redners – das heißt frei von mir –, denn wenn Sie sich nach dem richten, was er sagt, ist Ihr Forschen zu Ende. Sie müssen sich der Bedeutung der Autorität des Arztes, des Wissenschaftlers bewusst sein, und Sie müssen verstehen, wie absolut unwichtig Autoritäten im Innern sind, ob es sich nun um die Autorität eines anderen Menschen oder die Autorität Ihrer eigenen Erfahrungen, Ihres Wissens, Ihrer Schlussfolgerungen und Vorurteile handelt. Die eigenen Erfahrungen und das eigene Verstehen werden auch zu einer eigenen Autorität: »Ich verstehe, deshalb habe ich recht.« Das sind alles Formen der Autorität, derer Sie sich bewusst sein müssen, sonst können Sie sich niemals selbst ein Licht sein. Wenn Sie ein Licht für sich selbst sind, dann sind Sie ein Licht für die Welt, denn die Welt ist, was Sie sind, und Sie sind, was die Welt ist.

Es gibt also niemand, der Sie führen kann, niemand, der Ihnen sagt, dass Sie Fortschritte machen, niemand, der Sie ermutigt. In der Meditation sind Sie vollkommen auf sich gestellt. Und Ihr eigenes inneres Licht kann nur anfangen zu scheinen, wenn Sie sich selbst erforschen, wenn Sie untersuchen, wer oder was Sie sind. Das ist Selbsterkenntnis – zu wissen, was Sie sind. Nicht im Sinne der Psychologen oder einiger Philosophen und auch nicht im Sinne des Redners. Es geht darum, dass Sie sich Ihrer eigenen inneren Natur, Ihrer eigenen Gedanken und Gefühle bewusst sind, die gesamte innere Struktur erkennen. Selbsterkenntnis ist außerordentlich wichtig. Nicht die von anderen abgegebenen Beschreibungen, sondern wirklich das, »was ist«, was Sie sind, nicht, was Sie zu sein glauben oder Ihrer Meinung nach sein sollten, sondern was tatsächlich vor sich geht.

Haben Sie das je versucht? Wissen Sie, wie schwierig es ist, sich bewusst zu sein, was tatsächlich im eigenen Innern vor sich geht? Denn wir schauen aus dem Wissen der Vergangenheit, und wenn Sie mit ihrem Wissen untersuchen, das Sie sich in Form von Erfahrungen angeeignet oder von anderen übernommen haben, dann erforschen Sie sich selbst aus dem Hintergrund der Vergangenheit. Das heißt, Sie nehmen das, »was ist«, nicht wirklich wahr. Es muss Freiheit vorhanden sein, um beobachten zu können, dann beginnt sich in diesem Beobachten die gesamte Struktur und Natur des eigenen Selbst zu entfalten. Das werden Ihnen nur ganz wenige Menschen sagen, denn die meisten haben ein Eigeninteresse, sie wollen Organisationen gründen, Gruppen bilden, und alles was es so gibt in diesem Geschäft. Daher bitte ich Sie, widmen Sie dem, was hier gesagt wird, Ihre ganze Aufmerksamkeit.

Um sich selbst zu verstehen, muss man beobachten, und dieses Beobachten kann nur jetzt stattfinden. Aber es ist keine Regung der Vergangenheit, die das Jetzt beobachtet. Wenn ich das Jetzt aus der Sicht meiner vergangenen Schlussfolgerungen, Vorurteile, Hoffnungen und Ängste betrachte, dann beobachte ich die Gegenwart aus der Vergangenheit. Ich glaube zwar, dass ich das Jetzt beobachte, aber das Beobachten des Jetzt ist nur möglich, wenn es keinen Beobachter gibt, der die Vergangenheit ist. Das Beobachten des Jetzt ist außerordentlich wichtig. Die innere Bewegung der Vergangenheit, die auf die Gegenwart trifft, muss an diesem Punkt enden; dann ist das Jetzt wahrnehmbar. Aber wenn Sie zulassen, dass diese innere Bewegung der Vergangenheit weitergeht, dann wird aus dem Jetzt die Zukunft oder weitere Vergangenheit, aber nie das wirkliche Jetzt.

Beobachten kann nur im Jetzt stattfinden; wenn Sie es unmittelbar tun, wenn Sie wütend sind, wenn Sie gierig sind; wenn Sie es so beobachten, wie es ist. Das bedeutet, es nicht zu verurteilen und es nicht zu bewerten, sondern es einfach anzuschauen und es aufblühen und verschwinden zu lassen. Erkennen Sie die Schönheit, die darin liegt?

Normalerweise wird uns beigebracht, Dinge zu

unterdrücken oder uns in eine bestimmte Richtung zu bewegen. Aber wir sagen: Beobachte deine Wut, deine Gier, dein sexuelles Verlangen oder was es auch sein mag und beobachte es ohne die Vergangenheit, so dass die Wut aufblüht und verschwindet, verwelkt. Wenn Sie das tun, werden Sie nie wieder wütend sein. Haben Sie das je getan? Tun Sie es einmal, und Sie werden es selbst entdecken. Lassen Sie ein Beobachten zu, in dem es kein Auswählen gibt, beobachten Sie einfach nur Ihre Gier, Ihren Neid, Ihre Eifersucht, was immer es ist, und in diesem Beobachten blüht es auf und erfährt eine radikale Veränderung. Bereits das Beobachten ohne den Hintergrund bewirkt eine Veränderung.

Sich seiner selbst ohne jedes Auswählen bewusst zu sein und das zu sehen, was tatsächlich im Jetzt geschieht, heißt, der gesamten Bewegung des Selbst, des »Ich«, zu erlauben, dass sie aufblüht. Und das Selbst erfährt eine radikale Umwandlung, wenn es keinen Hintergrund gibt, das heißt, keinen Beobachter, der der Hintergrund ist. In diesem Vorgang hat Autorität ganz offensichtlich keinen Platz. Es gibt keinen Vermittler zwischen Ihrem Beobachten und der Wahrheit. In diesem Vorgang wird man sein eigenes Licht. Dann fragen Sie niemals irgendjemanden, wie man etwas macht. Im Tun selbst, das heißt im Beobachten, ergibt sich die Veränderung. Tun Sie es!

Also ist die Freiheit zu beobachten und daraus folgend die Abwesenheit jeder Art von Autorität das Entscheidende.

Dann muss auch die Suche nach Erfahrungen, nach denen wir alle verlangen, ein Ende haben. Ich werde Ihnen zeigen, warum. Tag für Tag machen wir die verschiedensten Erfahrungen. Deren Aufzeichnung wird zu Erinnerungen, und diese Erinnerungen verzerren die Beobachtung. Wenn Sie beispielsweise Christ sind, steckt eine zweitausend Jahre lange Konditionierung in Ihnen, in all Ihren Weltanschauungen, Glaubenssätzen, Dogmen, Ritualen und in Ihrer Vorstellung von einem Erlöser, und Sie wollen das erfahren, was Sie wie auch immer benennen mögen. Und Sie werden es erfahren, weil das Ihre Konditionierung ist. In Indien gibt es Hunderte von Göttern, die Menschen dort sind dadurch konditioniert, und deshalb haben sie Visionen von diesen Göttern. Was sie sehen, entspricht ihrer Konditionierung. Wenn uns die ganzen physischen, sinnlichen Erfahrungen zu langweilen beginnen, verlangen wir nach Erfahrungen anderer Art, nach spirituellen Erfahrungen, wir wollen herausfinden, ob es einen Gott gibt, wir wollen Visionen haben.

Sie werden Visionen haben und Erfahrungen machen, die Ihrem kulturellen Hintergrund entsprechen, das ist klar, denn Ihr Geist ist so konditioniert. Seien Sie sich dessen bewusst, und erkennen Sie, was in Erfahrungen alles enthalten ist.

Was ist in Erfahrungen enthalten? Es muss einen Erfahrenden geben, der die Erfahrungen macht. Der Erfahrende ist all das, wonach er verlangt, all das, was ihm beigebracht wurde, er ist seine Konditionierung. Und er will etwas erfahren, was er Gott oder Nirwana oder was auch immer nennt. Also wird er es erfahren. Aber das Wort »Erfahrung« beinhaltet Wiedererkennen, und Wiedererkennen beinhaltet, dass man etwas bereits kennt. Deshalb ist es nichts Neues. Ein Geist, der nach Erfahrungen verlangt, lebt in Wirklichkeit in der Vergangenheit und kann deshalb nie etwas völlig Neues, Ursprüngliches sehen. Man muss also frei von diesem Drang nach Erfahrungen sein.

Es ist ungeheuer schwierig, sich mit dieser Art der Meditation zu befassen, denn wir alle wünschen uns ein leichtes, bequemes, glückliches, unbekümmertes Leben. Wenn etwas Schwieriges auf Sie zukommt, das Ihre Aufmerksamkeit, Ihre Energie erfordert, sagen Sie deshalb schnell: »Ach, das ist nichts für mich; ich gehe einen anderen Weg.«

Beobachten Sie dann Ihre Ängste, Freuden und Leiden, all die alltäglichen Verstrickungen in Ihren Beziehungen. Beobachten Sie all das sehr sorgfältig. Beobachten bedeutet, dass kein Beobachter da ist und es daher zu keinem Unterdrücken, Verleugnen oder Akzeptieren kommt; es findet nur das Beobachten Ihrer Angst statt. Wenn Angst da ist, verzerrt Sie immer das Wahrnehmen. Aber auch das Streben nach Vergnügen ist ein verfälschender Faktor. Auch Kummer ist eine Belastung. Ein Geist, der gerade lernt, was Meditation ist, muss frei von all diesen Dingen sein und seine tagtäglichen Beziehungen verstehen. Das ist viel schwieriger, denn unsere Beziehungen beruhen auf den Bildern, die wir voneinander haben. Solange es einen Bilder-Macher gibt, wird der Bilder-Macher jede wirkliche Beziehung mit anderen verhindern. Es ist unbedingt erforderlich, das zu verstehen, damit man sehr tief in das Thema Meditation eindringen kann, und das ist auch der Grund, warum nur sehr wenige Menschen richtig meditieren.

Alle Meditationssysteme, bei denen man Tag für Tag eine bestimmte Methode praktiziert, behaupten, dass das Denken kontrolliert werden muss, weil es der Störfaktor ist, der einen stillen Geist verhindert. Aber wenn Sie sich das genau anschauen, stellt sich die Frage: Wer ist der Kontrollierende? Sie sehen, wie wichtig es ist, Ihr Denken zu kontrollieren, und Sie sagen: »Ich werde versuchen, es zu kontrollieren«, aber ihr Denken entwischt Ihnen immer wieder. Sie verbringen vierzig Jahre Ihres Lebens mit Kontrollieren, und es entwischt Ihnen in jedem Augenblick. Also müssen Sie sich fragen, wer der Kontrollierende ist und warum es so wichtig ist, sich so anzustrengen, um etwas zu kontrollieren. Es entsteht also ein Konflikt zwischen dem Gedanken, der Ihnen entwischt, und einem anderen Gedanken, der sagt: »Ich muss das Denken kontrollieren.« Es ist ein ständiger Kampf, eine Schlacht, ein Konflikt. Wir müssen also fragen, wer der Kontrollierende ist. Ist er nicht auch nur ein Gedanke? Also sagt ein Gedanke, der die Vorherrschaft beansprucht: »Ich muss den anderen Gedanken kontrollieren.« Ein Bruchstück versucht, ein anderes Bruchstück zu kontrollieren.

Hier ist es wichtig zu sehen, dass es nur Denken gibt und nicht den Denker und das Denken, und somit auch keinen Denker, der das Denken kontrolliert. Nur das Denken existiert. Wir sind dann nicht daran interessiert, wie das Denken kontrolliert werden kann, sondern am gesamten Prozess des Denkens. Warum sollte es aufhören? Wenn nur das Denken existiert, warum sollte es zum Stillstand kommen? Das Denken ist eine

Bewegung, nicht wahr? Das Denken ist eine Bewegung in der Zeit, von hier nach dort. Kann diese Form der Zeit ein Ende haben? Das ist die Frage, und nicht, wie man das Denken anhält. Im Hinblick auf Meditation haben die [meisten] Gurus den Schwerpunkt auf Kontrolle gelegt, aber wo etwas kontrolliert wird, erfordert es Mühe und Anstrengung, müssen Konflikte entstehen, muss etwas unterdrückt werden. Und wo etwas unterdrückt wird, entstehen alle möglichen neurotischen Verhaltensweisen.

Ist es möglich, ohne jegliche Kontrolle zu leben? Das bedeutet nicht, zügellos zu sein, es bedeutet nicht, zu tun, was einem beliebt. Aber können Sie in Ihrem täglichen Leben psychisch, innerlich ohne jegliche Kontrolle leben? Sie können es. Doch wir kennen kein Leben, in dem es nicht die geringste Spur einer Kontrolle gibt. Wir alle kennen nur Kontrolle. Kontrolle existiert, wo es zum Vergleichen kommt. Ich vergleiche mich mit Ihnen und will sein wie Sie, weil Sie intelligenter, brillanter, spiritueller sind. Ich will sein wie Sie, also strenge ich mich an, um so zu werden wie Sie. Wenn wir nun psychisch, innerlich, gar keine Vergleiche anstellen, was geschieht dann? Ich bin, was ich bin. Ich weiß nicht, was ich bin, aber ich bin das, was ich bin. Es gibt keine Bewegung, kein Streben, nach etwas, das ich als besser betrachte. Was geschieht, wenn es kein Vergleichen gibt? Bin ich dumm, weil Sie klug und brillant sind und ich mich mit Ihnen verglichen habe, oder ist es allein schon die Bezeichnung »dumm«, die mich dumm macht?

Wenn Sie in ein Museum gehen, betrachten Sie die verschiedenen Bilder, vergleichen sie, sagen, das eine sei besser als das andere. Das wird uns traditionellerweise beigebracht. In der Schule sagen wir, dass wir besser als ein anderer sein müssen, wir müssen den anderen schlagen. Diese ganzen Prüfungen sind Vergleiche, immer geht es darum, sich anzustrengen. Wir sagen, dass Sie auf das stoßen, »was ist«, wenn Sie den Vorgang des Messens und Vergleichens durchschauen und wenn Sie sehen, wie unwirklich dieser psychische Vorgang ist. Dann haben Sie das vor sich, »was ist«. Aber dem, »was ist«, können Sie nur begegnen, wenn Sie Energie haben. Zuvor wurde diese Energie im Vergleichen vergeudet, aber jetzt haben Sie diese Energie zur Verfügung, um das, »was ist«, zu beobachten, um das Jetzt zu beobachten. Dadurch erfährt das, »was ist«, eine radikale Umwandlung.

Das Denken hat sich also in den Kontrollierenden und das Kontrollierte aufgespalten. Aber den Kontrollierenden und das Kontrollierte gibt es nicht, es gibt nur den Vorgang des Denkens. Denken ist eine Bewegung in der Zeit mit Einschätzen und Bewerten. Kann das ganz leicht und natürlich, ohne jegliche Kontrolle aufhören? Wenn ich mich anstrenge, um es zu beenden, ist immer noch das Denken in Aktion. Ich unterliege einer Selbsttäuschung, wenn ich sage, der Denkende ist etwas anderes als das Denken. Also existiert nur das Denken. Der Denkende ist das Denken. Wenn kein Denken stattfindet, gibt es keinen Denkenden. Kann dieses Denken, das eine Bewegung in innerer Zeit ist, enden? Das heißt, kann Zeit zum Stillstand kommen?

[Psychische] Zeit ist die Vergangenheit. Es gibt keine zukünftige Zeit. Die gibt es nur wenn die Vergangenheit auf die Gegenwart stößt, sie verändert und sich fortsetzt. Zeit ist eine Bewegung aus der Vergangenheit, die zwar modifiziert wird, aber dennoch immer weitergeht. Diese Bewegung, welche die gesamten Bewegungen des Wissens umfasst, die gesamten Bewegungen des Bekannten, muss zum Stillstand kommen. Solange Sie nicht frei von dieser Bewegung sind, können Sie nichts Neues sehen. Diese Bewegung muss zum Stillstand kommen, aber das können Sie nicht mit dem Willen erreichen, denn das wäre Kontrolle. Sie können sie nicht durch Wünschen zum Stillstand bringen, denn das gehört zu Ihrem Fühlen, Denken und Bildermachen. Wie kann also diese Bewegung auf natürliche, einfache, unbeschwerte Weise enden – ohne Ihr Wissen?

Haben Sie jemals etwas aufgegeben, was Ihnen großes Vergnügen bereitete, haben Sie es augenblicklich, unmittelbar fallen gelassen? Haben Sie das je getan? Sie können das mit Schmerz und Leid tun, aber davon spreche ich nicht, denn das wollen Sie vergessen, das wollen Sie loswerden. Aber haben Sie jemals etwas fallen gelassen, was Ihnen großes Vergnügen bereitet? Haben Sie das je gemacht, es sofort ohne jede Mühe und Anstrengung losgelassen? Haben Sie? – Ich zeige es Ihnen.

Die Vergangenheit ist stets unser Hintergrund. Wir leben in der Vergangenheit – jemand hat mich verletzt, jemand hat etwas zu mir gesagt –, wir verbringen unser ganzes Leben in der Vergangenheit. Das gegenwärtige Ereignis wird in Erinnerung umgewandelt, und die Erinnerung wird zur psychischen Vergangenheit. Also leben wir in dieser Vergangenheit. Kann diese Bewegung der Vergangenheit enden?

Die Vergangenheit ist eine [innere] Bewegung, die durch die [reale] Gegenwart modifiziert wird und sich in der Zukunft fortsetzt. Das ist die Bewegung der [psychischen] Zeit. Die Vergangenheit ist eine Bewegung, die ständig abläuft, auf die Gegenwart stößt und weitergeht. Das Jetzt ist bewegungslos. Und weil Sie nicht wissen, was das Jetzt ist, kennen Sie nur den Zustand der Bewegung. Sehen Sie, das Bewegungslose ist das Jetzt. Das Jetzt ist da, wenn die [psychische] Vergangenheit auf die Gegenwart trifft und endet. Das ist das Jetzt. Die Bewegung der Vergangenheit begegnet also dem Jetzt, das bewegungslos ist, und kommt zum Stillstand. Das heißt, das Denken, das eine Bewegung der [psychischen] Vergangenheit ist, begegnet der Gegenwart vollständig und endet hier. Darüber muss meditiert, muss nachgedacht werden. Tun Sie das.

Das Nächste ist der menschliche Geist, der nicht nur aus Materie, aus dem Gehirn besteht, sondern auch alle Empfindungen umfasst und alles, was das Denken in diesen Geist hineingebracht hat. Er ist das Bewusstsein, und in diesem Bewusstsein existieren die verschiedensten unbewussten Antriebe und Forderungen. Kann dieses gesamte Bewusstsein als Ganzes betrachtet werden? Nicht Bruchstück für Bruchstück, denn wenn wir Bruchstück für Bruchstück untersuchen, wird das endlos dauern. Nur wenn das Bewusstsein in seiner Gesamtheit beobachtet wird, besteht die Möglichkeit, dass es endet oder sich etwas anderes zeigt. Kann dieses Bewusstsein in seiner Gesamtheit beobachtet werden?

Es geht, wenn Sie es wollen. Wenn Sie eine Landkarte anschauen, weil Sie den Wunsch haben, zu einem bestimmten Ort zu gelangen, hat ihr Blick eine Richtung. Wird die ganze Landkarte betrachtet, hat der Blick keine Richtung. Das ist ganz einfach.

Sehen Sie, wie einfach es ist. Machen Sie es nicht kompliziert. Das Gleiche gilt, wenn das ganze Bewusstsein angeschaut wird. Es gibt keine Blickrichtung, das heißt, es ist kein Motiv vorhanden. Wenn Sie irgendetwas als Ganzes beobachten können – sich selbst oder Ihr Bewusstsein –, dann gibt es kein Motiv und deshalb auch keine Richtung.

Damit Sie Ihr Bewusstsein also in seiner Gesamtheit beobachten können, dürfen Sie kein Motiv und kein Ziel haben. Aber ist das möglich, wenn Ihnen beigebracht wurde, für alles, was Sie tun, einen Grund, ein Motiv zu haben? Wir sind dazu erzogen worden, aus einem Motiv heraus zu handeln. Alle unsere Religionen sagen uns, dass wir einen Beweggrund haben müssen; jeder sagt es. Aber in dem Moment, in dem Sie ein Motiv haben, welches entweder Freude oder Schmerz, Belohnung oder Bestrafung ist, das Ihren Blick in eine Richtung lenkt, können Sie nie das Ganze sehen. Wenn Sie das verstehen, wenn Sie das tatsächlich sehen, dann haben Sie kein Motiv. Sie fragen nicht: »Wie werde ich mein Motiv los?« Sie können etwas nur dann in seiner Gesamtheit sehen, wenn es keine Richtung gibt, wenn es kein Zentrum gibt, von dem eine Blickrichtung ausgehen kann. Das Zentrum ist das Motiv, der Beweggrund. Wenn es kein Motiv gibt, dann gibt es auch kein Zentrum und daher keine Richtung. All das ist Teil der Meditation.

Was nun?

Nun ist der Geist darauf vorbereitet, ohne jede Bewegung zu beobachten. Haben Sie das verstanden? Weil Sie verstanden haben, was Autorität bedeutet, und alles, was damit einhergeht, sind Sie vollkommen auf sich gestellt, um sich selbst ein Licht zu sein. Es gibt also keine Beeinflussung; der Geist, das Gehirn zeichnet nicht auf. Es findet jetzt also keinerlei Bewegung im Geist statt. Deshalb ist er still; es ist keine aufgezwungene Stille, keine eingeübte Stille, die bedeutungslos wäre, sondern eine Stille, die nicht aus dem Unterbinden von Lärm oder von anderen Dingen herrührt. Sie ist eine natürliche Folge des täglichen Lebens, und das tägliche Leben hat seine eigene Schönheit. Schönheit ist Teil der Bewegungslosigkeit.

Was ist Schönheit? Ist es die Beschreibung? Ist es das Objekt, das Sie sehen, seine Proportionen, die Höhen und Tiefen, die Schatten, ein Gemälde oder eine

Skulptur von Michelangelo? Hängt Schönheit vom Auge des Betrachters ab? Oder ist sie dort draußen? Oder existiert sie weder im Auge des Betrachters noch dort draußen? Wir sagen, dass ein schönes Objekt, ein schönes Gebäude, eine herrliche Kathedrale oder ein schönes Gemälde dort draußen sind. Oder hängt Schönheit vom Auge des Betrachters ab, weil es geschult wurde im Betrachten und im Sehen, dass etwas Hässliches keine Proportionen, keine Tiefe, keinen Stil hat? Ist Schönheit dort draußen, ist sie im Auge des Beobachters, oder hat sie weder mit dem Auge noch mit der Außenwelt etwas zu tun?

Schönheit ist, wenn Sie nicht sind. Wenn Sie schauen, sind Sie derjenige, der betrachtet und bewertet, der sagt: »Das ist herrlich proportioniert.« »Das ist so ruhig, es hat Tiefe, es ist großartig.« Sie sind das, was da schaut und dem ganzen Bedeutung gibt. Doch wenn Sie nicht da sind – das ist Schönheit. Wir wollen uns ausdrücken, weil das Selbstverwirklichung ist, aber wenn diese Schönheit da ist, drückt sie sich vielleicht nie im Äußeren aus. Schönheit kann da sein, wenn Sie als Mensch, mit all Ihrer Mühsal, Ihren Sorgen und Ängsten, Ihrem Schmerz und Leid nicht da sind. Dann ist Schönheit da.

Der Geist ist jetzt also still, ohne Bewegung. Aber

was ist da, wenn die Bewegung zum Stillstand kommt?

Ist Mitgefühl eine Bewegung? Wir glauben, mitfühlend zu sein, wenn wir irgendwo hingehen und etwas für andere tun, wenn wir in ein indisches Dorf gehen und den Leuten helfen. Aber das sind nur verschiedene Formen der Sentimentalität, der Zuneigung und so weiter. Wir fragen nach etwas viel Wichtigerem: Was geschieht, was ist da, wenn keine Bewegung stattfindet? Ist es Mitgefühl? Oder geht es über all das hinaus? Das heißt, gibt es etwas, das vollkommen ursprünglich und deshalb heilig ist? Wir wissen nicht, was heilig ist. Wir glauben, unsere Bilder in den Kirchen, Tempeln oder Moscheen seien heilig, aber diese Bilder wurden vom Denken erschaffen. Und das Denken ist ein materieller Prozess, eine materielle Bewegung. Wenn keinerlei Bewegung stattfindet, existiert dann etwas absolut Ursprüngliches, etwas, das völlig unberührt von der Menschheit ist, unberührt von der ganzen Bewegung des Denkens? Es könnte das sein, was ursprünglich und deshalb heilig ist.

Das ist wahre Meditation. Von Anfang an mit Nichtwissen beginnen. Wenn Sie mit Wissen beginnen, enden Sie beim Zweifel. Wenn Sie ohne Wissen beginnen, enden Sie bei der absoluten Wahrheit, die Gewissheit ist. Wir begannen damit, dass wir sagten, wir müssen uns selbst erforschen und uns, da wir selbst das Bekannte sind, vom Bekannten entleeren. Und aus dieser Leere fließt alles andere ganz natürlich.

Wo es etwas absolut Heiliges gibt, und darum geht es bei der ganzen Meditation, hat das Leben eine völlig andere Bedeutung. Es ist nie oberflächlich, niemals. Wenn das Heilige bei Ihnen vorhanden ist, verliert alles andere jede Bedeutung.

Eine Dimension, die das Denken nicht berühren kann

In welchen Teil der Welt man auch kommt, überall kann man beobachten, dass der menschliche Geist in allen nur möglichen Formen – von primitiven bis zu hochkultivierten – danach strebt, etwas wirklich Heiliges zu entdecken. Wohin man auch blickt, überall ist der menschliche Geist ständig mit der Frage beschäftigt, ob es etwas wirklich Heiliges, Göttliches gibt, etwas, das nicht vergänglich ist. Überall auf der Welt haben die Priester gesagt, dass man auf dieser Suche an etwas glauben muss, das der Mensch »Gott« genannt hat. Aber kann man auf Geheiß einer bestimmten Religion oder eines bestimmten Glaubens herausfinden oder erfahren, ob das, was wir Gott nennen, existiert oder nicht? Oder ist all das nur die Erfindung eines angsterfüllten Geistes, der sieht, dass alles sich ständig verändert, alles vergänglich ist, und der nach etwas Beständigem sucht, nach etwas, das über die Zeit hinausgeht? Man muss sich dafür interessieren, ob man nun daran glaubt oder nicht, denn solange man nicht darauf stößt, nichts darüber erfährt, wird das Leben immer oberflächlich sein. Man kann moralisch sein – im wirklichen Sinne des Wortes, ohne Zwang, ohne Beeinflussung durch die Gesellschaft, durch die Kultur –, man kann ein recht harmonisches, normales, ausgeglichenes Leben ohne Widersprüche und Ängste führen, aber solange man das nicht findet, was die Menschheit von jeher sucht, bleibt das Leben oberflächlich, wie moralisch, wie sozial engagiert man auch sein mag, wie sehr man auch versucht, Gutes zu tun, und so weiter. Wahrhaft moralisch, tugendhaft zu sein bedeutet, ganz im Bereich der Ordnung zu leben.

Wenn es einem damit wirklich Ernst ist, wenn einen das gesamte Phänomen des Daseins wirklich interessiert, ist es wichtig, dass man selbst erkennt, ob es etwas Unbenennbares gibt, etwas, das über die Zeit hinausgeht, das nicht vom Denken geschaffen wurde und das keine Illusion des menschlichen Geistes ist, der etwas ersehnt, das seine Erfahrungen übersteigt. Man muss das entdecken, weil es dem Leben eine erstaunliche Tiefe gibt – nicht nur eine Bedeutung, sondern auch große Schönheit –, in der kein Konflikt existiert, sondern ein tiefes Gefühl der Ganzheit, der Vollständigkeit, in dem überhaupt nichts fehlt. Wenn ein Geist darüber etwas erfahren will, muss er natürlich all die Dinge verwerfen, die der Mensch geschaffen hat, die er göttlich nennt, mitsamt all den religiösen Ritualen, Glaubenssätzen und Dogmen, die ihn konditioniert haben.

Ich hoffe, dass wir miteinander kommunizieren, und ich hoffe außerdem, dass Sie diese Dinge wirklich verworfen haben – nicht nur verbal, sondern tief in Ihrem Innern –, sodass Sie in der Lage sind, völlig allein zu stehen und psychisch, innerlich von nichts abhängig sind. Der Zweifel ist eine gute Sache, doch man muss ihn zügeln. Den Zweifel intelligent zu zügeln heißt, zu untersuchen und zu hinterfragen, aber alles anzuzweifeln macht keinen Sinn. Wenn Sie intelligent geforscht und selbst gesehen haben, was es mit den Gedankengebäuden auf sich hat, die vom Menschen als Antwort auf die Frage errichtetet worden sind, ob es Unsterblichkeit oder einen zeitlosen Zustand des Geistes gibt oder nicht, dann können Sie anfangen, darüber etwas in Erfahrung zu bringen.

Das Denken kann diesen Zustand niemals erfassen, weil Denken nicht nur Zeit und Bewerten beinhaltet, sondern auch den gesamten bewussten oder unbewussten Inhalt der Vergangenheit. Wenn das Denken sagt, dass es sich auf die Suche nach etwas Wirklichem machen will, kann es sich das vorstellen, was es für wirklich hält, aber das ist nur eine Illusion. Wenn das

Denken einem Übungsweg folgt, um etwas zu finden, dann tut es das, was die meisten Heiligen, Religionen und Glaubenslehren tun. Verschiedene Gurus werden Ihnen sagen, dass Sie Ihr Denken trainieren, kontrollieren und disziplinieren müssen, dass Sie es in die von ihnen vorgegebenen Muster zwingen müssen, damit Sie schließlich das Wahre finden können. Aber man sieht, dass das Denken es niemals finden kann, weil es grundsätzlich nicht frei ist. Das Denken kann niemals neu sein, und um das finden zu können, was vollkommen unbekannt, unfassbar ist, muss das Denken absolut ruhig sein.

Kann das Denken ruhig sein – ohne jede Mühe, ohne kontrolliert zu werden? Denn in dem Augenblick, in dem Sie es kontrollieren, gibt es einen Kontrollierenden, der ebenfalls eine Erfindung des Denkens ist. Dann fängt der Kontrollierende an, seine Gedanken zu kontrollieren, und es kommt zum Konflikt. Wo immer es Konflikte gibt, ist das Denken aktiv. Der [menschliche] Geist ist das Produkt der Zeit, der Evolution; er ist der Sammelplatz eines riesigen Wissens, und dieses Wissen ist das Resultat sehr vieler Einflüsse und Erfahrungen, die den Kern des Denkens bilden. Kann dieser Geist ruhig sein, ohne Kontrolle, ohne Disziplin, ohne jegliche Form von Anstrengung und Mühe? Jedes Bemühen muss eine Verfälschung bewirken. Wenn wir, Sie und ich, uns dessen bewusst sind, dann können wir im täglichen Leben normal, intelligent, geistig gesund tätig werden und gleichzeitig ein außerordentliches Gefühl der Freiheit vom Denken spüren.

Wie kann das geschehen? Danach hat die Menschheit von jeher gesucht. Wir wissen sehr wohl, dass das Denken etwas Vergängliches ist, dass sich Denken verändern, modifizieren oder erweitern lässt und dass Denken nicht wirklich etwas ergründen kann, das von keinem Vorgang des Denkens erfasst werden kann. Die Menschheit fragt sich, wie sich das Denken kontrollieren lässt, weil wir ganz klar erkennen, dass wir nur dann wirklich zuhören und nur dann etwas klar sehen können, wenn der Geist vollkommen still ist.

Kann das ganze Gehirn, der Geist, vollkommen still sein? Haben Sie sich diese Frage jemals gestellt? Falls Sie sich das gefragt und eine Antwort gefunden haben, dann muss die Antwort Ihrem Denken entsprechend ausgefallen sein. Kann das Denken auf natürliche Weise seine eigene Begrenztheit erkennen und, indem es seine Begrenztheit erkennt, ruhig sein? Wenn Sie die Aktivität Ihres eigenen Gehirns beobachtet haben, dann haben Sie gesehen, dass die Gehirnzellen selbst der Inhalt der Vergangenheit sind. Jede Zelle des Gehirns enthält die Erinnerung an das Gestern, weil diese Erinnerungen dem Gehirn Sicherheit geben. Das Morgen ist ungewiss, und in der Vergangenheit liegt Gewissheit. Wissen verleiht Gewissheit. Somit ist das Gehirn die Vergangenheit, und deshalb ist das Gehirn Zeit. Es kann nur im Rahmen der Zeit denken: gestern, heute und morgen. Morgen ist ungewiss, aber die Vergangenheit verleiht in der Gegenwart dem Morgen mehr Gewissheit. Kann dieses Gehirn, das seit Jahrtausenden geschult und geformt wurde, vollkommen still sein? Bitte erfassen Sie zuerst das Problem, denn wenn wir das Problem mit all seinen Auswirkungen auf klare, vernünftige und intelligente Weise verstehen, dann ist die Antwort im Problem zu finden, und nicht außerhalb davon. Jedes Problem trägt, wenn Sie es genau untersuchen, seine Lösung in sich; die Lösung liegt nie außerhalb.

Die Frage lautet nun: Kann das Gehirn, der Geist, die ganze organische Struktur, absolut still sein? Wissen Sie, es gibt verschiedene Arten der Stille. Es gibt die Stille zwischen zwei Geräuschen, die Stille zwischen zwei gesprochenen Sätzen; es gibt eine Stille, die man wachrufen kann, und eine, die durch harte Disziplin und Kontrolle zustande kommt. Aber all diese Formen der Stille sind steril. Sie sind keine Stille, sondern sind Produkte des Denkens, das still sein möchte, und deshalb bleibt das Ganze unverändert im Bereich des Denkens.

Wie kann der Geist ohne Motiv ruhig sein? Wenn er ein Motiv hat, agiert immer noch das Denken. Wenn Sie darauf keine Antwort wissen, bin ich froh, denn hier ist große Ehrlichkeit notwendig. Um herauszufinden, ob es wirklich etwas gibt, das nicht zu dieser Dimension, sondern zu einer völlig anderen Dimension gehört, bedarf es großer Ehrlichkeit, in der es keine Selbsttäuschung gibt und daher auch kein Wunschdenken. In dem Moment, in dem der Geist sich wünscht, diesen Zustand zu erfahren, wird er etwas erfinden, er wird sich in einer Illusion, einer Vision verstricken. Diese Vision, diese Erfahrung ist eine [psychische] Projektion der Vergangenheit, und wie betörend, wie angenehm, wie großartig sie auch sein mag, sie bleibt Teil der Vergangenheit.

Wenn all das ganz klar ist, nicht nur den Worten nach, sondern tatsächlich, dann stellt sich die Frage: Kann der Inhalt des Bewusstseins, der das Bewusstsein ausmacht, völlig entleert werden?

Der ganze Inhalt unseres Alltagsbewusstseins umfasst das Unbewusste und das Bewusste – was es gedacht hat, was es angesammelt hat, was es durch Tradition, durch die Kultur, durch Kämpfe und Schmerzen, Leid und Selbsttäuschung erfahren hat. All das ist mein Bewusstsein und Ihres. Um herauszufinden, ob es wirklich etwas gibt, das nicht dieser Dimension, sondern einer völlig anderen Dimension angehört, ist große Ehrlichkeit erforderlich. Was ist das Bewusstsein ohne seinen Inhalt? Ich kenne mein Bewusstsein nur aufgrund seines Inhalts. Ich bin Hindu, Buddhist, Christ, Katholik, Kommunist, Sozialist, Künstler, Wissenschaftler, Philosoph. Ich hänge an meinem Haus, meiner Frau, meinem Freund. Der Inhalt meines Bewusstseins sind all die Schlussfolgerungen, Erinnerungen und Bilder, die ich im Laufe von fünfzig, hundert oder zehntausend Jahren geschaffen habe. Der Inhalt ist mein Bewusstsein, so wie das Ihre, und dieser Bereich des Bewusstseins ist [psychische] Zeit, weil er der Bereich des Denkens ist, der Bereich des [psychischen] Messens, des Vergleichens, des Bewertens und Urteilens.

Innerhalb dieses Bewusstseinsbereichs bewegen sich all meine Gedanken, die bewussten und die unbewussten. Und jeder Vorgang innerhalb dieses Bereichs findet innerhalb der Bewegung des Bewusstseins mit seinen Inhalten statt. Deshalb ist der Raum in diesem Bewusstsein mit seinen Inhalten sehr eingeschränkt.

Wenn wir das gemeinsam erkennen, gehört es Ihnen, nicht mir. Wenn Sie frei von allen Führern, allen Lehren sind, dann ist Ihr Geist dabei zu lernen, zu erleben. Dann ist Energie vorhanden, und Sie werden mit Leidenschaft dabei sein, zu forschen. Doch wenn Sie jemandem folgen, verlieren Sie Ihre ganze Energie.

Innerhalb des Bewusstseinsbereichs mit seinem Inhalt aus [psychischer] Zeit, ist der Raum sehr klein. Sie können den Raum durch alles Mögliche ausweiten, durch Vorstellungskraft, durch Erfindungsgabe oder indem Ihr Denken immer feinsinniger und umsichtiger wird, dennoch bleibt dies immer innerhalb des begrenzten Raums des Bewusstseins mit seinem Inhalt. Und jeder Versuch über sich selbst hinauszugelangen, findet immer innerhalb des Inhalts statt. Wenn Sie Drogen nehmen, ist das Resultat immer noch eine Aktivität des Denkens innerhalb dieses Bewusstseins, und auch wenn Sie glauben, dass Sie darüber hinausgehen, befinden Sie sich dennoch darin, weil es nur eine Vorstellung ist oder Sie nur den Inhalt intensiver erfahren. Man sieht also den Inhalt, der das »Ich«, das Ego, die Person, das sogenannte Individuum ist. Innerhalb dieses Bewusstseins, wie erweitert es auch sein mag, existieren zwangsläufig immer [psychische] Zeit und begrenzter Raum. Und wenn dieses Bewusstsein sich absichtlich bemüht, etwas zu erreichen, das über es selbst hinausgeht, so kann das nur zu Illusionen führen. Es ist absurd, sich vorzunehmen, nach der Wahrheit zu suchen. Sich von einem »Meister«, einem Guru sagen zu lassen, dass Sie die Wahrheit nur durch zielgerichtetes Üben finden werden, ohne den ganzen Inhalt [des Bewusstseins] zu verstehen und zu entleeren, ist so, als würde sich ein Blinder von einem Blinden führen lassen.

Der Geist ist sein Inhalt. Das Gehirn ist die Vergangenheit, und das Denken arbeitet auf der Basis dieser Vergangenheit. Das Denken ist niemals frei und niemals neu. Also stellt sich die Frage: Wie kann dieser Inhalt entleert werden? Nicht mit einer Methode, denn sobald Sie eine Methode praktizieren, die Ihnen jemand vermittelt hat oder die Sie selbst erfunden haben, wird das mechanisch, und deshalb bleibt es immer im Bereich der Zeit und des begrenzten Raums. Kann der Geist seine eigene Begrenzung sehen, und kann allein schon dieses Wahrnehmen das Ende der Begrenzung sein? Kann er aufhören zu fragen, wie der Geist entleert werden kann, und statt dessen den gesamten Inhalt sehen, der das Bewusstsein ausmacht, und die ganze Bewegung dieses Bewusstseins wahrnehmen, ihm zuhören, so dass bereits dieses Wahrnehmen das Ende dieser Bewegung ist? Wenn ich etwas Falsches, Unwahres sehe, dann ist die Wahrnehmung des Falschen das Wahre. Die Wahrnehmung, dass ich eine Lüge erzähle, ist die Wahrheit. Die Wahrnehmung meines Neids ist die Freiheit von Neid. Das heißt, Sie können nur dann ganz klar sehen und beobachten, wenn kein Beobachter da ist. Der Beobachter ist die Vergangenheit, das Bild, die Schlussfolgerung, die Meinung, das Beurteilen.

Kann also der Geist seinen Inhalt ohne jegliches Bemühen klar erkennen, kann er die Begrenzung sehen, den Mangel an Raum und die sich an die Zeit bindende Beschaffenheit des Bewusstseins mit seinem Inhalt? Können Sie das sehen? Sie können das nur dann in seiner Gesamtheit sehen – den unbewussten wie auch den bewussten Inhalt – wenn Sie still schauen können, wenn der Beobachter vollkommen schweigt. Das heißt, dass Aufmerksamkeit vorhanden sein muss, und in dieser Aufmerksamkeit ist Energie da. Bemühen Sie sich aber, aufmerksam zu sein, dann ist dieses Bemühen eine Energieverschwendung. Wenn Sie zu kontrollieren versuchen, verschwenden Sie Energie. Kontrolle beinhaltet Konformität, Vergleichen, Unterdrücken, und all das ist Energieverschwendung. Wo wahrgenommen wird, ist Aufmerksamkeit vorhanden, das heißt die volle Energie ohne die geringste Spur von Energieverschwendung.

Wenn Sie mit Energie den gesamten bewussten und unbewussten Inhalt anschauen, dann ist der Geist leer. Das ist keine Einbildung von mir. Es ist kein Gedanke von mir, keine Schlussfolgerung, zu der ich gelangt bin. Wenn ich zu einem Schluss gelangt bin, wenn ich denke, das sei richtig, dann bilde ich mir etwas ein. Und wenn ich wüsste, dass das eine Einbildung ist, würde ich nicht sprechen, denn das wäre so, als würde ein Blinder einen Blinden führen. Wenn Sie zuhören, wenn Sie aufmerksam sind, wenn Sie es wirklich herausfinden wollen, dann können Sie für sich selbst erkennen, das dies logisch und vernünftig ist.

Wie kann sich das Unbewusste mit seinem Inhalt in seiner ganzen Tiefe zeigen? Betrachten Sie zuerst die Frage, und dann können wir von da aus weitergehen. So wie wir alles im Leben zerlegen, haben wir auch das Bewusstsein in einen bewussten und einen unbewussten Teil zerlegt. Dieses Zerlegen in Fragmente, Bruchstücke wird durch unsere Kultur, durch unsere Erziehung und Bildung bewirkt. Das Unbewusste hat seine Motive und Antriebe, sein ethnisches Erbe, seine Erfahrungen. Kann all das dem Licht der Intelligenz, dem Licht des Wahrnehmens und Erkennens ausgesetzt werden? Stellen Sie diese Frage als Analysierender, der den Inhalt analysieren will und deshalb

Trennung, Widersprüchlichkeit, Konflikte und Leid erlebt? Oder stellen Sie diese Frage, ohne die Antwort zu wissen? Das ist wichtig. Wenn Sie ernsthaft, ehrlich fragen, wie man diese gesamte verborgene Struktur des Bewusstseins aufdecken kann, und es wirklich nicht wissen, dann werden Sie etwas entdecken. Aber wenn Sie irgendeine Einschätzung oder Meinung haben, dann gehen Sie mit einem Geist an die Sache heran, der bereits von einer Antwort ausgeht oder davon, dass es keine Antwort gibt. Kann sein, Sie wissen etwas darüber durch irgendeinen Philosophen, Psychologen oder Analytiker, aber es ist nicht Ihr Wissen. Es ist deren Wissen, das Sie interpretieren und zu verstehen versuchen und nicht das Tatsächliche.

Was findet ein Geist vor, der sagt: »Ich weiß es nicht« – was der Wahrheit entspricht, was ehrlich ist? Wenn Sie sagen: »Ich weiß es nicht«, ist der Inhalt des Bewusstseins völlig bedeutungslos geworden, denn dann ist der Geist ganz frisch. Es ist der neue Geist, der sagt: »Ich weiß es nicht.« Wenn Sie das also sagen – nicht einfach so zum Spaß, sondern mit Tiefe, Sinngehalt und Aufrichtigkeit –, dann ist dieser Zustand des Geistes, der nichts weiß, von seinem Bewusstsein, seinem Inhalt entleert. Denn das Wissen ist der Inhalt. Erkennen Sie das? Wenn der Geist nie sagen kann, dass er etwas weiß, dann ist er immer neu, lebendig, aktiv. Daher hat er keinen Ankerplatz. Nur wenn der Geist [in seinem Inhalt] verankert ist, sammelt er Meinungen und Schlussfolgerungen an und dehnt die Trennung aus.

Das ist Meditation. Das heißt, Meditation besteht darin, die Wahrheit in jedem Augenblick zu erkennen – nicht die letztendliche Wahrheit, sondern in jedem Augenblick das Wahre und das Unwahre. Die Wahrheit zu erkennen, dass der Inhalt das Bewusstsein ausmacht – das ist die Wahrheit. Die Wahrheit zu erkennen, dass ich nicht weiß, wie ich mit dieser Sache umgehen soll – das ist die Wahrheit, nichts zu wissen. Deshalb ist Nichtwissen der Zustand, in dem kein Inhalt vorhanden ist.

Das ist so schrecklich einfach. Vielleicht haben Sie Einwände dagegen, weil Sie etwas Kompliziertes, klug Ausgedachtes vorziehen. Dann lehnen Sie es ab, etwas außerordentlich Einfaches und somit außerordentlich Schönes zu sehen.

Kann der Geist, der das Gehirn ist, seine eigene Begrenztheit sehen, die Begrenztheit der [psychischen] Zeit, das heißt die Gefangenschaft in der Zeit und die Begrenztheit des Raumes? Solange man in diesem begrenzten Raum und in dieser sich an die Zeit bindenden Bewegung lebt, muss es zwangsläufig Leiden geben, muss es Verzweiflung, Hoffnung und alle daraus folgenden Ängste geben. Wenn der Geist diese Wahrheit erkannt hat, was ist dann [psychische] Zeit? Ist dann eine andere Dimension da, die das Denken nicht berühren und deshalb nicht beschreiben kann? Wir sagten, dass das Denken Messen umfasst und daher Zeit ist. Unser Leben wird vom Messen und Bewerten bestimmt. Die gesamte Struktur unseres Denkens beruht auf Messen und Bewerten und somit auf Vergleichen. Und das Denken mit seinem Messen und Bewerten versucht, über sich selbst hinauszugehen und selbst zu entdecken, ob es etwas gibt, das nicht messbar ist. Zu sehen, dass das falsch ist, ist die Wahrheit. Die Wahrheit ist, das Falsche, Unwahre zu sehen, und das Falsche ist die Suche des Denkens nach etwas Unermesslichem, etwas Zeitlosem, das nicht dem Raum des Bewusstseinsinhaltes angehört.

Wenn Sie all diese Fragen stellen und untersuchen, wenn Sie erkennen und entdecken, während Sie durchs Leben gehen, dann werden Ihr Geist und Ihr Gehirn, außerordentlich still. Um still zu werden, brauchen Sie keinen Übungsweg, keinen Lehrer, keinen Guru, kein System.

Heutzutage gibt es auf der Welt die verschiedensten

Meditationsformen. Der Mensch ist so begierig, so eifrig bemüht, etwas zu erfahren, worüber er nichts weiß. Zur Zeit ist Yoga modern; es wurde in den Westen gebracht, damit die Menschen dort glücklich werden, gesund und jung bleiben und um ihnen zu helfen, Gott zu finden – heutzutage ist alles darin enthalten. Außerdem herrscht derzeit ein großes Interesse am Okkulten, weil das so aufregend ist. Für den Geist eines Menschen, der an der Wahrheit interessiert ist, der versucht, das Leben in seiner Gesamtheit zu verstehen, der das Falsche als das Falsche und das Wahre im Falschen erkennt, sind okkulte Dinge ziemlich durchschaubar und ein solcher Geist wird sich nicht damit befassen. Es ist völlig unwesentlich, ob ich Ihre Gedanken lesen kann oder ob Sie meine lesen können oder ob ich Engel und Feen sehen kann oder Visionen habe. Wir verlangen nach etwas Geheimnisvollem, aber wir sehen nicht das unermessliche Geheimnisvolle im Leben, in der Liebe zum Leben. Wir sehen das nicht, und so verschwenden wir uns an Dinge, die bedeutungslos sind.

Wenn Sie mit all dem Schluss gemacht haben, dann ist die zentrale Frage: Gibt es etwas, das sich nicht beschreiben lässt? Wenn Sie es beschreiben, dann ist es nicht das Beschriebene. Gibt es etwas, das nicht der Zeit angehört, das grenzenloser, unermesslicher Raum ist? Wenn Ihr Raum begrenzt ist, werden Sie bösartig. Wenn kein Raum vorhanden ist, werden Sie gewalttätig, wollen Sie Dinge zerstören. Sie wollen Raum haben, aber der [menschliche] Geist, das Denken, kann diesen Raum nicht geben. Nur wenn das Denken ruhig und still ist, ist der Raum da, der keine Grenzen hat. Und nur der vollkommen stille Geist weiß – nein, nicht ›weiß‹ – kann wahrnehmen, ob es etwas gibt, das über alles Messbare hinausgeht.

Und das ist das Einzige, was heilig ist – nicht die Bilder und Rituale, die Erlöser, die Gurus und die Visionen. Nur das ist heilig, worauf der Geist, ohne darum zu bitten oder danach zu verlangen, gestoßen ist, weil er innerlich vollkommen leer ist. Nur in dem, was leer ist, kann etwas Neues stattfinden.

Quellen

»Ein neues Bewusstsein« – aus Krishnamurti's Journal, Eintrag vom 24. September 1973. © 1982 by Krishnamurti Foundation Trust, Ltd.

»Das Wunder der Aufmerksamkeit« – aus der 4. öffentlichen Rede vom 25. März 1975 in San Francisco. © 1975/1998 by Krishnamurti Foundation Trust, Ltd.

»Ein Leben in Güte« – aus der 1. öffentlichen Rede vom 7. April 1979 in Ojai. © Krishnamurti Foundation Trust, Ltd.

»Das Licht im eigenen Innern« – aus der 4. öffentlichen Rede vom 19. Mai 1968 in Amsterdam. © 1968/1998 by Krishnamurti Foundation Trust, Ltd.

»Die Wahrheit erforschen« – aus der 6. öffentlichen Rede vom 16. Mai 1982 in Ojai. © 1982/1998 by Krishnamurti Foundation Trust, Ltd.

»Die Schönheit der Tugend« – aus der 4. öffentlichen Rede vom 9. September 1973 in Brockwood Park. © 1973/1998 by Krishnamurti Foun-dation Trust, Ltd.

»Die Energie sammeln« – aus der 6. öffentlichen Rede vom 5. Februar 1982 in Bombay. © 1982/ 1998 by Krishnamurti Foundation Trust, Ltd.

»Das ewige, zeitlose Heilige« – aus der 6. öffentlichen Rede vom 14. Januar 1979 in Madras. © 1979/ 1998 by Krishnamurti Foundation Trust, Ltd.

»Was ist Schöpfung?« – aus der 4. öffentlichen Rede vom 4. September 1983 in Brockwood Park. © 1983/1998 by Krishnamurti Foundation Trust, Ltd.

»Ohne Einsatz des Willens leben« – aus der 4. öffentlichen Rede vom 3. September 1978 in Brockwood Park. © 1978/1998 by Krishnamurti Foundation Trust, Ltd.

»Harmonie zwischen dem Bekannten und dem Unbekannten« – aus der 4. öffentlichen Rede vom 15. April 1973 in Ojai. © 1973/1998 by Krishnamurti Foundation Trust, Ltd.

»Ein heiliges Leben« – aus der 7. öffentlichen Rede vom 29. Juli 1973 in Saanen. © 1973/1998 by Krishnamurti Foundation Trust, Ltd.

»Mit stillem Geist beobachten« – aus dem 5. öffentlichen Dialog vom 1. August 1976 in Saanen. © 1976/1998 by Krishnamurti Foundation Trust, Ltd.

»Erleuchtung ist kein fester Endpunkt« – aus der 4. öffentlichen Rede vom 18. März 1973 in San Francisco. © 1973/1998 by Krishnamurti Foundation Trust, Ltd.

»Das Ende der Suche« – aus der 4. öffentlichen Rede vom 2. September 1979 in Brockwood Park. © 1979/1998 by Krishnamurti Foundation Trust, Ltd.

»Reines Beobachten« – aus der 6. öffentlichen Rede vom 21. Juli 1983 in Saanen. © 1983/1998 by Krishnamurti Foundation Trust, Ltd.

»Das Licht kann kein anderer geben« – aus der 7. öffentlichen Rede vom 25. Juli 1976 in Saanen. © 1976/1998 by Krishnamurti Foundation Trust, Ltd.

»Eine Dimension, die das Denken nicht berühren kann« – aus der 4. öffentlichen Rede vom 17. September 1972 in Brockwood Park. © 1972/1998 by Krishnamurti Foundation Trust, Ltd.

Jiddu Krishnamurti (1895 – 1986), geboren in Südindien in einer orthodoxen Brahmanenfamilie, wurde 1910 von der Theosophin Annie Besant zum künftigen »Weltlehrer« erklärt. Sie wollte in dem jungen Brahmanen den »wiedergeborenen Messias« erkannt haben. 1929 löste Krishnamurti den eigens für ihn gegründeten theosophischen »Order of the Star« auf und sagte sich öffentlich von der ihm zugedachten Rolle mit der Begründung los, dass keine Religion, kein Guru, keine Philosophie den Menschen zur Wahrheit führen könne. Auf Vortragsreisen in aller Welt inspirierte er mit seiner von Dogmatismus und Glaubensvorstellungen unabhängigen Sichtweise Tausende von Menschen, darunter namhafte Schriftsteller, Künstler und Pädagogen. Auch heute noch finden seine Bücher weltweit große Resonanz.

Christine Bendner ist freiberufliche Übersetzerin und hat einige Bücher Jiddu Krishnamurtis ins Deutsche übersetzt.

Bernd Hollstein ist seit 1997 aktives Mitglied des deutschsprachigen Krishnamurti-Komitees.

Weitere Informationen zu Krishnamurti

www.jkrishnamurti.org
Die gesamten Texte, Audio- und Videoaufzeichnungen in Englisch.

www.jkrishnamurti.de
Übersetzte Texte in Deutsch. Infos zu Publikationen, Veranstaltungen und zum Komitee. Links zu den Stiftungen, Schulen und Studienzentren

Kontaktadressen:

Krishnamurti Foundation Trust
Brockwood Park, Bramdean
Hampshire SO24 0LQ, Großbritannien
Tel.: +44 (0) 1962 771 525
eMail: info@kfoundation.org
Website: www.kfoundation.org

Krishnamurti-Komitee D|A|CH
c/o Klara + Bernd Hollstein
Zwerenberg 34, 71560 Sulzbach, Deutschland
eMail: k-info@jkrishnamurti.de
Website: www.jkrishnamurti.de